大学入学

共通テスト
現代文
実戦対策問題集

清水正史・多田圭太朗 著

改訂版

旺文社

はじめに

本書は、「大学入学共通テスト」の傾向を知り、対策を立てるために編まれた問題集です。過去問や大学入試センターが公表した資料などの分析に基づく予想問題の演習を通じて、出題傾向を知り対策を身につけていく、という構成になっています。また、複数の資料を総合して考える新傾向の問題（資料型総合問題）については、大学入試センターが公表した〈試作問題〉の解説によって傾向・対策を知った上で、予想問題の演習を通じて力をつけていく、という形をとっています。

「大学入学共通テスト」は、思考力・判断力・表現力を重視する新時代の大学入試の象徴となるテストであり、従来の〈現代文〉の力を基盤にしながらも、内容・形式において独自の特徴を持つ出題がなされます。そこで本書は、共通テストの〈**第1問・論理的文章**（**評論**）→**第2問・文学的文章**（**小説**）→**第3問・資料型総合問題**〉の順に演習していくことで、受験の現代文をはじめて勉強する人でも、〈**基礎→応用**〉の段階を追って力をつけることができるように編集しました。具体的には次のような流れになっています。（1～12は問題番号を表します。）

① 1で現代文の読解・解答の基本を学び、合わせて共通テスト特有の〈生徒の学習場面・複数テクスト〉設問の考え方の基本をおさえる。

② ややレベルの高い2～4の演習を通じて、①で学んだ〈**論理的文章（評論）**〉の読解力・解答力にみがきをかける。

③ ①②で定着した論理的読解力・解答力を基盤にしつつ、5で〈**文学的文章（小説）**〉の読解・解答の基本を学ぶ。

④ ややレベルの高い6～8の演習を通じて、③で学んだ〈**文学的文章（小説）**〉の読解力・解答力にみがきをかける。

⑤ 9・10で〈**資料型総合問題**〉に関する注意点・解答法を学ぶ。

⑥ 11・12で、⑤で学んだ〈**資料型総合問題**〉への対処法・解答力にみがきをかける。

受験生のみなさんが、本書で力をつちかい、来る入試で望ましい結果を得られることを願っています。

著　者

「大学入学共通テスト」国語の概要と特徴

「大学入学共通テスト」（以下「共通テスト」と記す）とは、各大学の個別試験に先立って（あるいはその代わりに）実施される、**全国共通のテストである。国公立大学志望者のほぼすべて、私立大学志望者の多くが**、このテストを受験することになる。

国語は、90分で五つの大問を解く形である。国語全体の配点200点のうち、現代文三題で110点の配点となっている。

大問	題材	配点	試験時間
第1問	現代文〈論理的文章（評論問題）〉	45点	90分
第2問	現代文〈文学的文章（小説問題）〉	45点	
第3問	現代文〈資料型総合問題（複数の資料を総合して考える問題）〉	20点	
第4問	古文	45点	
第5問	漢文	45点	

90分で五題を解くのは、時間的にかなり厳しい。自分の得意不得意に合わせて大問ごとの時間のめやすを決め、場合によっては古文・漢文から先に解くなど、自分なりのやり方を考えておこう。

共通テストでは、**従来型の国語の試験とは異なる、新しい形の問題**が出題される。この問題集は、その対策のために編まれたものである。〈論理的文章編〉〈文学的文章編〉〈資料型総合問題編〉の各編の冒頭に〈特徴と解法〉をまとめ、各設問の解説にも〈解法のポイント〉を示したので、それらを参照しつつ問題演習を重ねていくことで、共通テストに立ち向かう力をつけていこう。

目次

本書の構成と特長

本書は、「大学入学共通テスト」の傾向を知り、対策を立てるための問題集です。効果的な対策ができるよう、次のような特長をもつ対策書としました。

※本書の内容は、二〇二四年七月現在の情報に基づいています。

問題の構成

〈論理的文章編〉〈文学的文章編〉〈資料型総合問題編〉の三部構成で、全十二題を収録しています。〈論理的文章編〉〈文学的文章編〉は予想問題各四題、〈資料型総合問題編〉は大学入試センター公表の〈試作問題〉二題と予想問題二題を掲載しています。

特設ページ「特徴と解法」

各編の冒頭に特設ページを設け、共通テスト特有の出題の特徴・傾向と、その読解・解答の手順や注意点をまとめました。これを読んでから、問題に取り組みましょう。

別冊（解答・解説）

別冊には、〈設問のねらい〉〈解法のポイント〉等の特設欄つきの詳しい解説を掲載しました。解説をしっかり読んで、共通テストの傾向を知り、対策に役立ててください。

設問のねらい　各設問の出題趣旨・ねらいを分析しています。どのような力が求められているのか、共通テスト特有の設問形式に注意して確認しましょう。

解法のポイント　現代文の基本的な解法を解説しました。設問形式ごとの解法の注意点を把握し、現代文の実力を着実に身につけましょう。

自動採点について

採点・見直しができる無料の学習アプリ「学びの友」で簡単に自動採点ができます。

①下記の URL か二次元コードから、公式サイトにアクセスしてください。
https://manatomo.obunsha.co.jp/

②アプリを起動後、「旺文社まなび ID」に会員登録してください（無料）。

③アプリ内のライブラリより本書を選び、「追加」ボタンをタップしてください。

※iOS ／ Android 端末、Web ブラウザよりご利用いただけます。
※本サービスは予告なく終了することがあります。

装丁・本文デザイン　内津剛（及川真咲デザイン事務所）
執筆協力　倉繁正鬼　松本聡
編集協力　株式会社友人社
國本美智子　鈴木充美　豆原美希
山下絹子　株式会社東京出版サービスセンター（臼井亜希子）

論理的文章編

特徴と解法　論理的文章

出題の特徴

◆**共通テスト第1問は、論理的文章（評論文・論説文・説明文など）**からの出題で、設問は大別すれば、**ⓐ語彙（漢字）　ⓑ本文読解　ⓒ表現・構成　ⓓ複数のテクスト（文章・資料）を関連させる応用的・発展的思考**　の四種類である。

◇ⓐ語彙（漢字）については、漢字練習帳などで、日頃から知識の強化に努めていく必要がある。

◇ⓑⓒは通常の読解設問、ⓓは共通テスト特有の応用的・発展的設問で、いずれもこの問題集を通じて基本的な考え方を知り、問題演習を通して身につけていこう。

◇その上で、共通テスト過去問による問題演習で仕上げていくことになるが、さらにⓐⓑⓒに関しては、共通テストの前身である大学入試センター試験の過去問による問題演習も有効である。

解法

◇**基本的な読解・解答の手順**は次のようになる。

1 中心となる本文の論旨をつかむ。

＊**同じ話題・論旨の繰り返し＝本文の各部分での要点**（筆者が主に伝えようとしていること）を意識する。

＊**対比されているもの**を意識し、**〈何がどちら側の事柄として述べられているのか〉**を整理する。

＊**筆者の主張とその根拠、**ある事柄に対する**筆者の評価（プラス・マイナス）**などに注意する。

＊**図表**が含まれている場合は、**本文のどの部分のどういう内容を説明するためのもの**かに注意し、**本文と対応**させつつ理解する。

＊**各部分の話題・論旨のつながり**を意識して、**①全体の展開・構成、②筆者の最も言いたいこと**　をつかむ。

2 他の文章・資料がある場合は、おおよその内容をつかむ。

＊**1**の本文の内容を頭に置きつつ、ざっと目を通して、**1**の本文と関連する点（共通点・相違点・抽象⇅具体の関係など）を中心に、要点をおさえておく（他のテクストが設問の中に組み込まれている場合は、設問解答の際にその作業を行う）。

3 設問は、傍線部（ない場合もある）と設問文から〈設問要求＝何について答えるのか〉を的確に把握し、それに応ずる内容を本文（や他の文章・資料）に基づいて考え、解答する。

＊**1**でつかんだ本文の要点を頭に置きつつ、設問要求に関連する部分を改めて確認し、本文（や他の文章・資料）に根拠があり、かつ設問要求の答えになっているものを、正解として選ぶ。

＊他の文章・資料についての設問は、**1**・**2**でおさえた本文と他の文章・資料の要点を頭に置きつつ、設問要求に基づいて必要な情報を探し、それに基づいて解答する。

＊生徒のノート・生徒の書いた文章・生徒の会話といった〈学習場面〉を想定した設問については、〈本文の内容に加え〉それらが設定する文脈や、思考・議論の過程なども考慮して解答を考える。

＊まぎらわしい選択肢については、①部分にしかけられた誤りを見抜くために、選択肢の要素ごとに〈ここは○だが、ここが×〉というふうに検討する ②選択肢同士を比較し、本文（文章・資料）の内容と設問要求に照らして〈より妥当なもの〉を選ぶ。

＊推測や応用的思考を求める設問については、〈中心的な要素や大きな方向性において本文（文章・資料）に沿うもの〉〈本文（文章・資料）の内容から論理的に導き出せるもの〉かどうかで判断する。

＊表現や構成・展開の設問は、まず①内容的に本文（文章・資料）と合致するかどうかを考え、②読者に対する筆者の意図（何を伝えるためにどのように書くか）として適切かどうかという視点からも考える。

『デザインド・リアリティ』

有元典文《ありもとのりふみ》・岡部大介《おかべだいすけ》

予想問題
（センター試験〈本試験〉改）
解答 ▼別冊2ページ

◆次の文章を読んで、後の問い（問1〜6）に答えよ。なお、設問の都合で本文の段落に1〜19の番号を付してある。

1 「これから話す内容をどの程度理解できたか、後でテストをする」

2 授業の冒頭でこう宣言されたら、受講者のほとんどは授業内容の暗記をこころがけるだろう。後でテストされるのだ、内容をちゃんと憶《おぼ》えられたか否かで成績が評価されるのである。こうした事態に対応して、私たちは憶えやすく整理してノートを取る、用語を頭の中で繰り返し唱える、など、暗記に向けた聴き方へと、授業の聴き方を違える。これは学習や教育の場のデザインのひとつの素朴な例である。

3 講義とは何か。大きな四角い部屋の空気のふるえである。または教室の前に立った、そしてたまにうろつく教師のモノローグ（注1）である。またはごくたまには、目前の問題解決のヒントとなる知恵である。講義の語りの部分にだけ注目してみても、以上のような多様な捉え方が可能である。世界は多義的でその意味と価値はたくさんの解釈に開かれている。世界の意味と価値は一意に定まらない。A講義というような、学生には日常的なものでさえ、素朴に不変な実在とは言いにくい。考えごとをしているものにとっては空気のふるえにすぎず、また誰かにとっては暗記の対象となるだろう。

4 冒頭の授業者の宣言は授業の意味を変える。すなわち授業のもつ多義性をしぼり込む。空気のふるえや、教師のモノローグを、学生にとっての「記憶すべき一連の知識」として設定する作用をもつ。授業者の教授上の意図的な工夫、または意図せぬ文脈の設定で、その場のひとやモノや課題の間の関係は変化する。ひとのふるまいが変化することもある。呼応した価値を共有する受講者、つまりこの講義の単位を取りたいと思っている者は、聞き流したり興味のある箇所だけノートしたりするのでなく、後の評価に対応するためまんべんなく記憶することにつとめるだろう。

5 本書(注2)ではこれまで、さまざまなフィールドのデザインについて言及してきた。ここで、本書で用いてきたデザインという語についてまとめてみよう。一般にデザインということばは、ある目的を持って(ア)イショウ・考案・立案すること、つまり意図的に形づくること、と、その形づくられた構造を意味する。これまで私たちはこのことばを拡張した意味に用いてきた。ものの形ではなく、ひとのふるまいと世界のあらわれについて用いてきた。

6 こうした意味でのデザインをどう定義するか。デザインを人工物とひとのふるまいの関係として表した新しい古典、ノーマン(注3)の『誰のためのデザイン』の中を探してみても、特に定義は見つからない。ここではその説明を試みることで、私たちがデザインという概念をどう捉えようとしているのかを示そうと思う。

7 辞書によれば「デザイン」のラテン語の語源は〝de signare〟つまり〝to mark〟、印を刻むことだという。人間は与えられた環境をそのまま生きることをしなかった。自分たちが生きやすいように自然環境に印を刻み込み、自然を少しずつ文明に近づけていったと考えられる。それは大地に並べた石で土地を区分することや、太陽の高さで時間の流れを区分することなど、広く捉えれば今ある現実に「人間が手を加えること」だと考えられる。

8 私たちはこうした自分たちの活動のための環境の改変を、人間の何よりの特徴だと考える。そしてこうした環境の加工を、デザインということばで表そうと思う。デザインすることはまわりの世界を「人工物化」することだと言いかえてみたい。自然を人工物化したり、そうした人工物を再人工物化したりということを、私たちは繰り返してきたのだ。英語の辞書にはこのことを表すのに適切だと思われる〝artificialize〟という単語を見つけることができる。アーティフィシャルな、つまりひとの手の加わったものにするという意味である。

9 デザインすることは今ある秩序（または無秩序）を変化させる。現行の秩序を別の秩序に変え、異なる意味や価値を与える。例えば本にページ番号をふることで、本には新しい秩序が生まれる。それは任意の位置にアクセス可能である、という、ページ番号をふる以前にはなかった秩序である。この小さな工夫が本という人工物の性質を大きく変える。他にも、一日の時の流れを二四分割すること、地名をつけて地図を作り番地をふること、などがこの例である。こうした工夫によって現実は人工物化／再人工物化され、これまでとは異なった秩序として私たちに知覚されるようになる。冒頭の例では、講義というものの意味が再編成され、「記憶すべき知識群」という新しい秩序をもつことになったのである。

10 今とは異なるデザインを共有するものは、今ある現実の別のバージョンを知覚することになる。あるモノ・コトに手を加え、新たに人工物化し直すこと、つまりデザインすることで、世界の意味は違って見える。例えば、湯飲み茶碗《ちゃわん》に持ち手をつけると珈琲《コーヒー》カップになり、指に引っ掛けて持つことができるようになる。このことでモノから見て取れるモノの扱い方の可能性、つまりアフォーダンスの情報が変化する。

11 モノはその物理的なたたずまいの中に、モノ自身の扱い方の情報を含んでいる、というのがアフォーダンスの考え方である。鉛筆なら「つまむ」という情報が、バットなら「にぎる」という情報が、モノ自身から使用者に供される（アフォードされる）。バットをつまむのは、バットの形と大きさを一見するだけで無理だろう。鉛筆をにぎったら、突き刺すのには向くが書く用途には向かなくなってしまう。

12 こうしたモノの物理的な形状の変化はひとのふるまいの変化につながる。持ち手がついたことで、両手の指に一個ずつ引っ掛けるといっぺんに十個のカップを運べる。

13 ふるまいの変化はこころの変化につながる。たくさんあるカップを片手にひとつずつ、ひと時に二個ずつ片付けているウェイターを見たら、雇い主はいらいらするに違いない。持ち手をつけることで、カップの可搬性が変化する。ウェイターにとってのカップの可搬性は、持ち手をつける前と後では異なる。もっとたくさんひと時に運べるそのことは、ウェイターだけでなく雇い主にも同時に知覚可能な現実である。ただ単に可搬性にだけ変化があっただけではない。これらの「容器に関してひとびとが知覚可能な現実」そのものが変化しているのである。

14 ここで本書の内容にかなったデザインの定義を試みると、デザインとは「対象に異なる秩序を与えること」と言える。デザインには、物理的な変化が、アフォーダンスの変化が、ふるまいの変化が、こころの変化が、現実の変化が伴う。例えば私たちははき物をデザインしてきた。裸足《はだし》では、ガレ場、(注4)熱い砂、ガラスの破片がちらばった床、は怪我《けが》をアフォードする危険地帯で(イ)フみ込めない。はき物はその知覚可能な現実を変える。私たち現代人の足の裏は、炎天下の浜辺の(ウ)カワいた砂の温度に耐えられない。これは人間というハードウェアの性能の限界であり、いわばどうしようもない運命である。その運命を百円のビーチサンダルがまったく変える。自然の(エ)セツリが創り上げた運命をこんな簡単な工夫が乗り越えてしまう。はき物が、自転車が、電話が、電子メールが、私たちの知覚可能な現実を変化させ続けていることは、その当たり前の便利さを失ってみれば身にしみて理解されることである。そしてまたその現実が、相互反映的にまた異なる人工物を日々生み出していることも。

15 私たちの住まう現実は、価値中立的な環境ではない。文化から生み出され歴史的に洗練されてきた人工物に媒介された、文化的意味と価値に満ちた世界を生きている。それは意味や価値が一意に定まったレディメイドな世界ではない。文化や人工物の利用可能性や、文化的実践によって変化する、自分たちの身の丈に合わせてあつらえられた私たちのオーダーメイドな現実である。人間の文化と歴史を眺めてみれば、人間はいわば人間が「デザインした現実」を知覚し、生きてきたといえる。B このことは人間を記述し理解していく上で、大変重要なことだと思われる。

16 さてここで、あるモノ・コトのデザインによって変化した行為を「行為′（こういダッシュ）」と呼ぶこととする。これまでとは異なる現実が知覚されているのである。もはやそこは、このデザイン以前と同じくふるまえるような同じ現実ではないのである。そうした現実に対応した行為にはダッシュをふってみよう。例えば、前後の内容を読んで、本の中から読みかけの箇所を探す時の「記憶」・「想起」と、ページ番号を憶えていて探し出す時の「記憶」とでは、その行いの結果は同じだがプロセスはまったく異なる。読み手から見た作業の内容、掛かる時間や手間はページ番号の有無でまったく異なる。読みさしの場所の素朴な探し出しが昔ながらの「記憶」活動ならば、ページ番号という人工物に助けられた活動は「記憶′（きおくダッシュ）」活動ということだ。台所でコップを割ってしまったが、台所ブーツをはいているので破片を恐れずに歩くのは、もうそれまでの歩行とは違う「歩行′」。「今日話す内容をテストする」、と言われた時の受講者の記憶は「記憶′」。人工物化された（アーティフィシァライズされた）新たな環境にふるまう時、私たちのふるまいはもはや単なるふるまいではなく、「デザインされた現実」へのふるまいである。

17 買い物の際の暗算、小学生の百マス計算での足し算、そろばんを使った足し算、表計算ソフトでの集計、これらは同じ計算でありながらも行為者から見た課題のありさまが違う。それは「足し算′」だったり「足し算″」だったり「足し算‴」……する。ただし、これはどこかに無印（むじるし）の行為、つまりもともとの原行為とでも呼べる行為があることを意味しない。原行為も、文化歴史的に設《しつら》えられてきたデフォルト（注5）の環境デザインに対応した、やはり「行為′」であったのだと考える。ページ番号がふられていない本にしても、それ以前のテキストの形態である巻き物から比べれば、読みさしの箇所の特定はたやすいだろう。人間になまの現実はなく、すべて自分たちでつくったと考えれば、すべての人間の行為は人工物とセットになった「行為′」だといえるだろう。

18 人間は環境を徹底的にデザインし続け、これからもし続けるだろう。動物にとっての環境とは決定的に異なる「環境′

（かんきょうダッシュ）」を生きている。それが人間の基本的条件だと考える。ちなみに、心理学が批判されてきた／されているポイントは主にこのことの無自覚だと思われる。心理学実験室での「記′憶（きおくダッシュ）」を人間の本来の「記憶（むじるしきおく）」と定めた無自覚さが批判されているのである。

19 C 「心′理学（しんりダッシュがく）」の必要性を指摘しておきたい。人間の、現実をデザインするという特質が、人間にとって本質的で基本的な条件だと思われるからである。人間性は、社会文化と不可分のセットで成り立っており、ヴィゴツキー（注6）が主張する通り私たちの精神は道具に媒介されているのである。したがって、「原心理」なるものは想定できず、これまで心理学が対象としてきた私たちのこころの現象は、文化歴史的条件と不可分の一体である「心′理学」として再記述されていくであろう。この「心′理学」は、つまり「文化心理学」のことである。文化心理学では、人間を文化と深く入り交じった集合体の一部であると捉える。この人間の基本的条件が理解された後、やがて「′」は記載の必要がなくなるものだと思われる。

（有元典文・岡部大介『デザインド・リアリティ――集合的達成の心理学』による）

（注）1　モノローグ――独り言。一人芝居。
2　本書ではこれまで、さまざまなフィールドのデザインについて言及してきた。――本文より前のところで、コスプレや同人誌など現代日本のサブカルチャーが事例としてあげられていたことを受けている。
3　ノーマン――ドナルド・ノーマン（一九三五―　）。アメリカの認知科学者。
4　ガレ場――岩石がごろごろ転がっている急斜面。
5　デフォルト――もともとそうなっていること。初期設定。
6　ヴィゴツキー――レフ・ヴィゴツキー（一八九六―一九三四）。旧ソ連の心理学者。

問1　傍線部(ア)～(エ)に相当する漢字を含むものを、次の各群の①～④のうちから、それぞれ一つずつ選べ。

(ア)　イショウ
①　コウショウな趣味を持つ
②　演劇界のキョショウに会う
③　出演料のコウショウをする
④　課長にショウカクする

(イ)　フみ
①　株価がキュウトウする
②　役所で不動産をトウキする
③　前例をトウシュウする
④　ろくろでトウキをつくる

(ウ)　カワいた
①　新入生をカンゲイする
②　難題にカカンに挑む
③　浅瀬をカンタクする
④　カンデンチを買う

(エ)　セッツリ
①　予算のセッショウをする
②　セットウの罪に問われる
③　セツジョクをはたす
④　栄養をセッシュする

(ア)	(イ)	(ウ)	(エ)

問2　傍線部A「講義というようなもの、学生には日常的なものでさえ、素朴に不変な実在とは言いにくい。」とあるが、それはなぜか。その理由の説明として最も適当なものを、次の①～⑤のうちから一つ選べ。

① ありふれた講義形式の授業でも、授業者の冒頭の宣言によって学生が授業内容の暗記をこころがけていくように、学習の場における受講者の目的意識と態度は、授業者の働きかけによって容易に変化していくものであるから。

② ありふれた講義形式の授業でも、授業者の冒頭の宣言がなければ学生にとっての授業の捉え方がさまざまに異なるように、私たちの理解する世界は、その解釈が多様な可能性をもっており、一つに固定されたものではないから。

③ ありふれた講義形式の授業でも、授業者の冒頭の宣言がなければ学生の授業の聴き方は一人ひとり異なるように、授業者の教授上の意図的な工夫は、学生の学習効果に大きな影響を与えていくものであるから。

④ ありふれた講義形式の授業でも、授業者の冒頭の宣言がなければ学生にとって授業の目的が明確には意識されないように、私たちを取り巻く環境は、多義性をしぼり込まれることによって初めて有益な存在となるものであるから。

⑤ ありふれた講義形式の授業でも、授業者の冒頭の宣言によって学生のふるまいが大きく変わってしまうように、特定の場におけるひとやモノや課題の間の関係は、常に変化していき、再現できるものではないから。

□

問3　傍線部B「このことは人間を記述し理解していく上で、大変重要なことだと思われる。」とあるが、どうしてそのように考えられるのか。その理由として最も適当なものを、次の①～⑤のうちから一つ選べ。

① 現実は、人間にとって常に工夫される前の状態、もしくはこれから加工すべき状態とみなされる。そのため、人間を記述し理解する際には、デザインされる以前の自然状態を加工し改変し続けるという人間の性質をふまえることが重要になってくるから。

② 現実は、どうしようもないと思われた運命や限界を乗り越えてきた、人間の工夫の跡をとどめている。そのため、人間を記述し理解する際には、自然のもたらす形状の変化に適合し、新たな習慣を創出してきた人間の歴史をふまえることが重要になってくるから。

③ 現実は、自分たちが生きやすいように既存の秩序を改変してきた、人間の文化的実践によって生み出された場である。そのため、人間を記述し理解する際には、自分たちの生きる環境に手を加え続けてきた人間の営為をふまえることが重要になってくるから。

④ 現実は、特定の集団が困難や支障を取り除いていく中で形づくられた場である。そのため、人間を記述し理解する際には、環境が万人にとって価値中立的なものではなく、あつらえられた世界でしか人間は生きられないという事実をふまえることが重要になってくるから。

⑤ 現実は、人工物を身の丈に合うようにデザインし続ける人間の文化的実践と、必然的に対応している。そのため、人間を記述し理解する際には、デザインによって人工物を次から次へと生み続ける、人間の創造する力をふまえることが重要になってくるから。

□

問4　傍線部C「『心′理学（しんりダッシュがく）』の必要性」とあるが、それはどういうことか。その説明として最も適当なものを、次の①～⑤のうちから一つ選べ。

① 人間が文化歴史的条件と分離不可能であることに自覚的ではない心理学は、私たちのこころの現象を捉えるには不十分であり、自らがデザインした環境の影響を受け続ける人間の心理を基本的条件とし、そのような文化と心理とを一体として考える「心′理学」が必要であるということ。

② 人工物に媒介されない行為を無印の行為とみなし、それをもともとの原行為と想定して私たちのこころの現象を捉えるこれまでの心理学に代わって、人工物化された新たな環境に直面した際に明らかになる人間の心理を捕捉して深く検討する「心′理学」が今後必要であるということ。

③ 価値中立的な環境に生きる動物と文化的意味や価値に満ちた環境に生きる人間との決定的な隔たりに対して、従来の心理学は無関心であったため、心理学実験室での人間の「記憶」を動物実験で得られた動物の「記憶」とは異なるものとして認知し研究する「心′理学」が必要であるということ。

④ 私たちのこころの現象を文化歴史的条件と切り離した現象として把握し、それを主要な研究対象としてきた既存の心理学よりも、環境をデザインし続ける特質を有する人間の心性を、文化歴史的に整備されたデフォルトの環境デザインに対応させて記述する「心′理学」の方が必要であるということ。

⑤ ある行い（「行為」）の結果と別の行い（「行為′」）の結果とが同じ場合には両者の差異はないものとして処理する心理学の欠点を正し、環境をデザインし続ける人間の心性と人間の文化的実践によって変化する現実とを集合体として考えていく「心′理学」が必要であるということ。

問5 この文章の第[1]～[8]段落の表現に関する説明として**適当でないもの**を、次の①～④のうちから一つ選べ。

① 第[1]段落の「これから話す内容をどの程度理解できたか、後でテストをする」は、会話文から文章を始めることで読者を話題に誘導し、後から状況説明を加えて読者の理解を図っている。

② 第[3]段落の「講義とは何か。大きな四角い部屋の空気のふるえである。」は、講義の語りの部分について、教室の中で授業者の口から発せられた音声の物理的な現象面に着目して表現している。

③ 第[6]段落の「新しい古典」は、紹介されている著作について、発表後それほどの時間を経過していないが、その分野で広く参照され、今後も読み継がれていくような書物であることを表している。

④ 第[8]段落の「私たちはこうした～考える。」と、「～、私たちは繰り返してきたのだ。」の「私たち」は、両方とも、筆者と読者とを一体化して扱い、筆者の主張に読者を巻き込む効果がある。

□

問6　授業で本文を読んだSさんは、以前に読んだことのある別の文章の中にテーマのうえで関連するものがあると気づき、その文章を読み直したうえで自分の考えをメモにまとめてみた。次の【資料】はSさんが読んだ文章であり、【メモ】はSさんが書いたメモである。これらについて、後の(i)・(ii)の問いに答えよ。

【資料】

人工物は、物理的存在であるが故、時として人を制約することがある。入ってほしくない所に柵を設ければ、物理的にあからさまに人間の行動に制約を加えることになる。これよりも洗練された制約の仕方もある。「立ち入り禁止」という立札を立てることである。「ゆりかもめ」の新型車両の座席は、座る面が膝側に向かって九度、上向きになっている。これによって、座った人は自然にかかとを引く姿勢になるという。混み合う車内で足を投げ出して座るマナー違反を、設計によって制御しようとしたのである。「足を投げ出して座らないでください」という貼り紙によって、個人の意思、モラルに依存した行為変容を求めるのでない。そして、この設計によって子供でも行儀の悪い人でも、同じ仕方で強制的にマナーを守らせることができる。こうして技術者、もしくは技術者に要求を提示した発注者は、見知らぬ多くの人に対して、モラルに反しない行動を、マイルドな仕方で強制できるのである。(中略)

これは、人工物が物理的制約を使って、人間をコントロールしているということだとも捉えられる。つまり、エンジニアは、設計を通じて、人間の自由に制約を加えることができる。ただ、ユーザーは、その設計意図をはっきり理解しているとは限らない。

(齊藤了文《さいとうのりふみ》『事故の哲学』による)

【メモ】

●本文の例

割れたコップの破片が散らばった台所で歩く

〔裸足《はだし》〕
破片に注意しつつこわごわ歩く「歩行」

↓

〔台所ブーツ〕
破片を恐れずに歩ける「歩行」

●【資料】の例

電車などの車内で足を投げ出して座らないというマナー

〔通常の座席〕
X

↓

〔「ゆりかもめ」の新型車両の座席〕
座る面の角度により自然にかかとを引くことになる

（本文にならって言えば）「モラル」とでも言うべきもの → Y

●本文と【資料】から考えたこと

Y

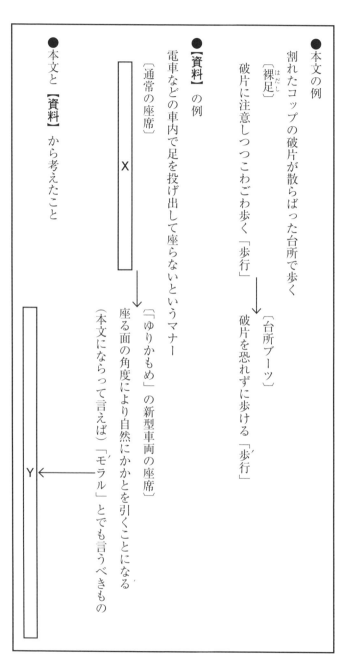

(i) 空欄 X に入るものとして最も適当なものを、次の①〜④のうちから一つ選べ。

① 子供や行儀の悪い人が足を投げ出すことを技術的に制御するマイルドな「モラル」
② 人々がマナーを意識して足を投げ出さないよう自ら心がける主体的な「モラル」
③ 座った人がエンジニアの設計意図に従って足を投げ出さなくなる調和型の「モラル」
④ 混み合った車内で足を投げ出すマナー違反を規則によって罰する旧来の「モラル」

(ii) 空欄 Y に入るものとして最も適当なものを、次の①〜④のうちから一つ選べ。

① 設計者の意図的な工夫により環境のもつ多義性をしぼり込み、問題解決のヒントをもたらすものであり、物理的存在を用いて人間の行動を制約するやり方としてはきわめて洗練されたものだと言えるのではないか。
② 人工物を再人工物化することで現行の秩序を別の秩序に変え、異なる意味や価値を与えるものであり、人間を文化と深く入り交じったものと捉える文化心理学によって再記述される必要のあるものなのではないか。
③ 環境のデザインによって人間のふるまいを変化させ、新しい秩序をもたらすものだが、人々が自らの意思とは関わりなくその秩序に従わされ、知らぬ間に自由を制約される危うさをもはらんでいるのではないか。
④ モノの物理的形状の変化により行為と心理の変化を促し、現実のバージョンアップを図るものだが、すべての人がその設計意図を明確に理解できるわけではないため、効果は限定的なものにとどまるのではないか。

2

「運動する認識」

北垣《きたがき》徹《とおる》

◆次の文章を読んで、後の問い（問1〜5）に答えよ。なお、設問の都合で本文の段落に1〜13の番号を付してある。

1 何かモノを見るには、視点の確保が必要だ。肉眼でも、キャメラを通してでもそうだが、何らかのモノを視覚で捉えようとすれば、安定した視点が要る。生身の人体の場合、両眼を水平に保たないと、ひどくモノは見えにくい。両眼が水平でも、いわゆる股のぞき(注1)のようなことをすれば、世界はまるっきり違った風に見える。人がモノを見るとき、両目の下にあるもの、例えば平行する二本の足は重要だ。

2 またキャメラの場合であれば、今度は三本の足、つまり三脚のようなかたちで、やはり安定した視点が確保される。それで露出時間が少々かかろうが、ブレない映像を撮ることができる。このように、何かものを見るときには、見ている視点の下に、それを可能にしてくれる何かがある。つまり見ることのためには、何か土台のようなものが前提とされる。

3 視覚にかぎらず、他の感覚による認識一般にかんしても、こうした土台のようなものがしばしば想定されている。現に、認識の土台とか、認識論的な基礎とか視座とかいうことがよく言われる。あるいは、そんな小難しい用語でなくても、じっくり腰を落ち着けて話に耳を傾けろとか、腹を据えてじっと眼《め》を凝らしてみろとか、そういう類のことが、日常の場で口にされる。どうやら認識のためには、それを下で支える何かが必要であるが、そうした支えとなる土台は、腹や腰など、安定・固定・不動・不変のようなイメージで語られることが多いようだ。認識論的革命とかセツダン(ア)とかいうこともよく言われるが、それらは滅多に起こらないから革命になるのであって、普段なら認識は、つねに変わらぬ

予想問題
〈センター試験〈追試験〉改〉
解答 ▼別冊10ページ

何かによって支えられていると考えられている。

4 しかし、本当にそうなのか。モノをよく見るためには、じっとしていた方がいいのか。認識のためには不動の視点が不可欠なのか。逆に、運動が認識を可能にするということはないのか。動かないと、モノはよく見えないということはないのだろうか。その場合、A支えとなるのは、腹や腰ではなく、足だ。ヒトの場合、二足歩行によって相対的に高い視点が確保される。さらに、歩くこと、ないしは走ることによって、視点を高く保ったまま、自在に移動することができる。そうした移動する視点によって、以前より容易に食物を獲得し、外敵から身を守ることができるようになったのだろう。運動する認識こそが、ヒトにとって生存の有利さをもたらしたのではないか。

5 ともあれ、一九世紀の生理学的心理学は、運動する認識の理論を用意し始める。例えばそうした学は、眼球の運動に注目する。眼球は実は絶えず動き、止まることを知らない。眼球は動くことによって、盲点を回避し、視野を拡《ひろ》げ、奥行きを認識する。また視覚以外の感覚も、動くことによって、より容易に空間のなかで認識される。例えば、人は実際に「耳を傾ける」。耳自体を動かせる人は少ないから、それ以外の部分を動かし、つまり体を傾けたりひねったりしながら、方向を定め、聴覚を働かせる。このように、認識を支えているのは、不動のものではなく、むしろ運動する何かである(注2)――当時の心理学はこのように考えつつあった。

6 テオドュール・リボーの『注意の心理学』(一八八九)は、こうした一九世紀的心理学が獲得した知見を、きわめて明快かつ簡潔に示した書物である。この書を(イ)ツラヌく基本命題はまさしく「運動なくして知覚なし」、リボーによれば、注意とは何よりも動的なメカニズムであり、筋肉の運動を伴う。注意は、たとえ静止というかたちをとる場合でも――例えば、視線を固定させるために、眼球が静止させられる場合でも――、そこには静止をもたらすための筋肉運動がある。このように知覚のかたわらには、ごく(ウ)ビショウな場合もあるが、かならず運動が存在するとリボーは考えた。

7 静止をもたらす運動とは、まさに逆説的な運動だ。不動のためには運動が必要になるということなのだから。しかし現に、B安定した視点を得るためには、逆に動かなければならないということがある。例えば、(エ)対象自体が動くがゆえに、それを安定的に捉えるには、何らかの運動が必要になる場合がある。映画撮影においては、シッソウする馬や車を捉えるために、キャメラは予《あらかじ》め作られたレールの上を(オ)ナメらかに運動しながら、撮影が行われる。対象が動くのであれば、視点もそれを追って動く。その場合、視点を支える基盤もいっしょに動かなければならない。視点は安定した基盤を保持しつつも、それでも移動しなければならない。あるいは、より正確に言えば、安定した視点の基盤を保持するためにこそ、あえて動かなければならないのだ。

8 このような認識に伴う運動は、変化を常態とし、あらゆる対象が絶えず動き続ける近代においてこそ、鮮明に意識されるようになったといえる。対象が固定しており、認識が安定した基盤に支えられていたときには、そんな基盤に眼を向ける者はいなかっただろう。しかしながら、近代という時代においては、カント(注3)をはじめとして、認識を支える基盤は何かという批判的な問いを繰り返すようになる。当初は、そうした基盤が動いているという自覚はなかったかもしれない。けれども、そうした基盤が、実際に見ている視点とはズレた別の場所にあることが、朧気《おぼろげ》ながらに感じられたのかもしれない。いずれにせよ人は、認識の基盤に眼を向けるようになった。つまり認識について、それを可能にするものを認識しようとした。

9 かくして、認識の認識、つまり見ている者をさらに見るということが始まる。眼球の裏側では、小人《ホムンクルス》(注4)が網膜像を見つめている。鏡のなかの自分の眼を覗《のぞ》き込むと、自分の眼にも自分の姿が映っているのが見える。そんな風にして、無限や分裂におののきながらも、認識を認識しようとする試みが始まる。

10 そうした試みは、一方ではカントのように、認識の形式や範疇《はんちゅう》を探るという超越論的方向に向かう。他方では、生理学的心理学のように、内在的な方向に向かう。認識に伴う運動を捉えるということは、要は認識する身体を捉えるということだ(注5)。認識とは何よりも、身体に深く根ざしている――そうした想定のもと、認識の問題が考えられ始める。

11 ヨハネス・ミューラーは『人間生理学教本』(一八三三)で、視覚を徹底して内在的に捉えている。彼によれば、視覚という感覚は、外界からの光が眼に入って生じるだけではない。それは殴打や震盪《しんとう》(注6)など、物理的な刺激によっても生じるし、薬物など化学的な刺激によっても生じる。この場合、視覚は身体の内側だけで生じる感覚であり、外界に存在する対象とは関係がない。また同じ頃、グスタフ・フェヒナー(注7)も、網膜残像の研究に取り組んでいる。残像現象において、わずかな時間ではあるが、眼の前にはもうない対象の像が異なる色で現れる。この場合も視覚は、外界の対象とは切り離される。

12 かつてであれば、そうした感覚の示すのはたんなる幻影で、認識などと到底呼べるものではないとみなされただろう。人間の身体はむしろ、認識を妨げたり歪《ゆが》めたりするものと考えられていた。その場合、認識とは究極的には真理の認識であり、神による認識だという前提があった。しかし一九世紀の心理学は、その前提をくつがえす。そこで人間の身体は、認識を妨げるものではなく、認識を生み出すものとして現れる。認識を受け取るものではなく、認識をつくり出すものとして現れる。運動とともに、そして身体とともに、認識は受動的なものから能動的なものへと転化する。

13 認識とはもはや、鏡に世界が写されることではない。認識とは、何らかの媒体《メディア》を通じて、世界を写し取り、つくり出すことである。生理学的心理学の時代は、写真機や幻灯機(注8)、さらには映画に至るまで、さまざまな視覚的メディアの発達した時代でもある。Cこうしたメディアが、視覚を生み出し、認識をもたらす。そしてその基盤には、人間の身体がある。細切れの映像を次々に写し出せば、人間の眼が網膜残像をつくり出すことで、連続した運動の認識が生まれる。それが映画である。映画という媒体と身体が接続されて、認識が生まれる。というよりも、身体がすでに一種の媒体《メディア》であり、認識を生み出す装置なのだ。

(北垣徹「運動する認識」による)

（注）1　股のぞき――立った状態で足を開いて上半身を深く折り曲げ、両足の間から風景などを眺めること。
2　テオドュール・リボー――フランスの心理学者（一八三九〜一九一六）。
3　カント――イマヌエル・カント。ドイツの哲学者（一七二四〜一八〇四）。
4　小人《ホムンクルス》――人間の体内にいて、感覚や認識などをつかさどる役割を果たすと考えられた存在。
5　ヨハネス・ミューラー――ドイツの生理学者（一八〇一〜一八五八）。
6　震盪――外側から振動を与えること、振り動かすこと。
7　グスタフ・フェヒナー――ドイツの物理学者（一八〇一〜一八八七）。
8　幻灯機――ガラス板に彩色して描いた画像やフィルムに写された像を拡大して、壁やスクリーンに映し出す装置。

問1　傍線部(ア)〜(オ)に相当する漢字を含むものを、次の各群の①〜④のうちから、それぞれ一つずつ選べ。

(ア)　セツダン
①　サイダンに花を供える
②　カンダンなく雨が降る
③　パーティーでカンダンする
④　ダイダンエンを迎える

(イ)　ツラヌく
①　注意をカンキする
②　ハダカイッカンから再出発する
③　集中することがカンジンである
④　まことにイカンに思う

(ウ)　ビショウ
①　ビカンをそこねる看板
②　品評会でハクビと言われた器
③　シュビよく進んだ交渉
④　人情のキビをとらえた文章

(エ)　シッソウ
①　親の厳しいシッセキ
②　卒業論文のシッピツ
③　豊かな才能に対するシット
④　重い症状を伴うシッカン

(オ) ナメらか

① イッカツして処理する
② 国が事業をカンカツする
③ 登山者のカツラクを防ぐ
④ 自由をカツボウする

(ア)	(イ)	(ウ)	(エ)	(オ)

問2 傍線部A「支えとなるのは、腹や腰ではなく、足だ」とあるが、それはどういうことか。その説明として最も適当なものを、次の①～⑤のうちから一つ選べ。

① 人間がモノを認識するには、視点を安定させ、固定するイメージのある腹や腰ではなく、視点の安定と移動をともに可能にする足の働きが重要だということ。
② 器官の運動によって認識が可能になるためには、腹や腰などの視点を確保できるが高く保てない土台ではなく、キャメラの三脚のように視点を高く保つ足の機能が必須だということ。
③ 器官の運動によって認識が可能になるためには、腹や腰を土台の比喩として認識するだけではなく、足を移動可能な視点の比喩とみなすことが必要だということ。
④ 人間がモノを認識するには、腹や腰に象徴される心理の不動性を見つめるのではなく、足によって象徴される身体の可動性に注目することが大切だということ。
⑤ 人間がモノを認識するには、水平方向へ安定して支える腹や腰だけでは十分ではなく、垂直方向へ視点を移動させる足の役割が不可欠だということ。

問3　傍線部**B**「安定した視点を得るためには、逆に動かなければならない」とあるが、本文中とは別の具体例として最も適当なものを、次の①〜⑤のうちから一つ選べ。

① 冬の静かな街並みの様子を歩行者のまなざしで捉えるために、撮影場所を一箇所に定めて撮影するのではなく、カメラを構えて街を歩きながら撮影する。

② 卵からかえった鳥のヒナが巣立つまでの様子をあらゆる角度から撮影するために、巣の周囲に複数のカメラを設置するのではなく、遠隔操作によってレンズの向きを変えながら撮影する。

③ 街頭でいつ発生するかわからない暴動の決定的瞬間を撮影するために、街の高所に複数の監視カメラを設置するのではなく、カメラを片手に群衆の中を歩きまわりながら無作為に撮影する。

④ スカイダイビング中の人を撮影するために、超望遠レンズを装着したカメラで地上から撮影するのではなく、カメラマン自身も被写体と並んで空中をダイビングしながら撮影する。

⑤ ボールを追って走る犬の躍動感を捉えるために、ズーム機能を備えたカメラによって遠くから静止画像を撮影するのではなく、超高速撮影が可能なカメラで動画を撮影する。

問4 傍線部C「メディアが、視覚を生み出し、認識をもたらす」とあるが、それはどういうことか。その説明として最も適当なものを、次の①～⑤のうちから一つ選べ。

① 写真機や幻灯機や映画などの視覚的メディアが、人間の視覚能力に優越する形で世界像を作り出し、その新しい世界像を通じて視覚的メディアに従属する意識が生まれ、人間に対するメディアの優位性を人々が承認するようになるということ。

② 写真機や幻灯機や映画などの視覚的メディアが、人間の視覚能力を超えた精緻な画像を作り出し、その新しい画像を通じて人間が自己の視覚能力に疑問を持つようになり、人々が一九世紀以前の自己像の改変が必要だと認めるようになるということ。

③ 写真機や幻灯機や映画などの視覚的メディアが、人間の身体を平面上に映し出し、それを見た人々の新しい感覚を通じて肉体が客観的な対象として把握されるようになり、人々が身体と精神との二元的な関係を重視するようになるということ。

④ 写真機や幻灯機や映画などの視覚的メディアが、身体を縮小化して映し出すようになり、その新しい身体像を通じて人間の意識と身体とのバランスが崩れるようになり、人々が心身の均衡が保たれることの重要性を考えるようになるということ。

⑤ 写真機や幻灯機や映画などの視覚的メディアが、人間の身体機能や残像現象と結びつくことで、それまでになかった新たな映像を作り出し、その新しい映像を通じて人々がそれ以前とは異なる世界像を見いだしていくようになるということ。

□

問5 Aさんは、本文をよりよく理解するために、内容を自分なりに整理した表を作り、それをもとに他の生徒と話し合った。次の【表】はAさんが作った表であり、【対話】はAさんたちの話し合いの様子である。これらについて、後の(i)〜(iii)の問いに答えよ。

【表】

前半	後半
安定した視点に基づく認識 → 一九世紀の生理学的心理学 認識を支えているのは運動する何か	受動的な認識 → 能動的な認識
三脚などで支えられる写真のキャメラ → 動く対象を移動しながら撮影する映画のキャメラ	世界を写す鏡 → 次々に写し出される細切れの画像から網膜残像によって連続画像をつくり出す映画
前近代　変化を好まない時代 → 近代　変化を常態とする時代	神による真理の認識 → ［　※　］

【対話】

Aさん――本文の前半と後半でそれぞれ中心的に論じられていることを、自分なりに整理して表にしてみたんだけど、どうかな。

Bさん――なるほど、直接書かれていないことを自分なりに考えて補ったりもしながらまとめたんだね。面白いと思う。

Cさん――それでいくと、「世界を写す鏡」も、もう少し言葉を補って明確な言い方にできる気がするんだけど。

Bさん――そうだね。「受動的な認識」のあり方を象徴するもので、「次々に写し出される細切れの画像から網膜残像によって連続画像をつくり出す映画」と対比になるものなんだから、［　Ⅰ　］といったところかな。

Aさん――それはいいね。ありがとう。それから、「※」のところをどうやって書くか考えているんだけど、どう思う?

Bさん――「神による真理の認識」から変化した近代の認識のあり方を端的に表現するとどうなるか、というところかな。本文でいうと、11・12段落の「身体」や、13段落の「媒体《メディア》」を通した認識のことだよね。

Cさん――11・12段落にも述べられているように、身体のあり方が変われば認識のあり方も違ってくるよね。同じように、使うメディアが変われば得られる認識も異なったものになると思う。だから、［　Ⅱ　］という感じかな。これに合わせて、「神による真理の認識」の方にも少し言葉を足すといいかもしれないね。

Bさん――こんなふうに話してみると、なぜこの「表」のような整理のしかたをしたかがわかってきたよ。Aさんは本文を読んで、［　Ⅲ　］が筆者の考えの背景にある、と考えたんだね。

Aさん――そうなんだ。そう考えると、とても興味深い文章だと感じるよ。

(i) 空欄 Ⅰ に入るものとして最も適当なものを、次の①～④のうちから一つ選べ。

① 世界のすべてを写す鏡
② 世界を左右反対に写す鏡
③ 世界を静止させて写す鏡
④ 世界をあるがままに写す鏡

(ii) 空欄 Ⅱ に入るものとして最も適当なものを、次の①～④のうちから一つ選べ。

① 視覚が支配する心理的な認識
② 人間が生み出す相対的な認識
③ メディアが伝える客観的な認識
④ 身体がつくり出す普遍的な認識

(iii) 空欄 Ⅲ に入るものとして最も適当なものを、次の①～④のうちから一つ選べ。

① 前近代から近代へという時代のあり方の変化が、認識についての人間の捉え方の変化に反映しているという見方

② 精神から身体へという人間の生の基盤の変化が、映画をはじめとするメディア技術の進歩を促しているという見方

③ 安定から進歩へという社会の価値観の変化が、運動する認識についての人間の評価の変化と関連しているという見方

④ 神から人間へという認識の主体の変化が、精神と身体のあり方についての人間の認識の変化の契機となっているという見方

□

3

『よく考えるための哲学』『プラグマティズムの思想』

細谷《ほそや》実《まこと》
魚津《うおづ》郁夫《いくお》

予想問題
解答 ▼ 別冊16ページ

◆次の【文章Ⅰ】【文章Ⅱ】を読んで、後の問い（問1〜5）に答えよ。

【文章Ⅰ】

僕が学生あるいは社会人の人々と話をしていてよく感じることの一つに、「分かっていることと分かっていないことの間の線引きをどうとらえているのか、すごく曖昧だな」ということがある（ここでは、「知っている」と「分かっている」を等置している）。ここのところを考えてみよう。ここの話は、とても基本的なことに思えるが、普段はあまり意識されていないことらしい。

さて、一言で「分かっている」と言っても、誰にとって（同じことだが、誰が）分かっているのか？「自分（＝考えている本人）にとって分かっていること」と、自分以外の「他の誰かに分かっていること」では、大きな違いがあるだろう。たとえば、他の誰かに分かっていることでも、自分が分かっていなければ、自分でその知識を使いこなすことはできない。

僕自身の具体例で言うと、パソコンについての知識は、ハードでもソフトでもそれにあたる。そうした知識は、「他の誰かに分かっている」ことは確かだ。さもなければ、そもそもパソコンというものがつくられることはなかっただろう。しかし、僕はそうした知識を有しておらず、よく分かっていないのだ。だから僕はパソコンを、きわめて初歩のレベルでしか使いこなしていない。ハードでもソフトでも少しトラブったら、もうお手上げなのである。

こういう話から、「知識というものは自分にとって分かっているものでなければ意味がない」などと極端なことを言いだす人がいる。

だが、他の誰かに分かっているからこそ、誰かに頼めばトラブルを処理してもらえるのである。だから、その知識が自分には分かっていなくても、無意味だという話には決してならないはずだ。

逆に、自分には分かっていることでも、他の誰にも分かっていないという知識もある。(注1)心理学的内観によって観察される自分の意識についての知識が、その代表である。そして、今朝からできた口内炎のように、原理的には他人にも観察可能だが、未《いま》だ誰にも観察されていない自分だけの秘密についての知識は、その別タイプの例だ。

思うに、こういうズレの可能性があるからこそ、プライバシーも成り立つのである。逆から言えば、そうしたズレがなく自他の知識が同一であるような透明な自他関係では個人のプライバシーはない。そこでは、そもそも個人というものも、たんなる空間的単位以外としては存在できなくなるだろう。

それは、たとえば、すべての人々の意識がマザーコンピュータ(注2)に接続され、人々が互いにも他人の意識内容を分かりあっている社会というようなSF的想定である。

以上の二つの「分かっていること」以外から成る集合は、「誰にも分かっていないこと」というものだろう。たとえば、モッカ(ア)研究者たちが解明すべく取り組んでいるような事柄である。また、未だ研究者がまったく手をつけてもいないような事柄もそれにあたる。さらに言えば、分かっていないことであるのか何なのか、まったく見当もつかないようなこともそうであろう(研究者が言う「まだ分かっていないこと」というのは、実は、そのすぐ近くのことまで分かっていることなのである)。

あるいはまた、「最高の善とは何か?」というような問いへの答えである。ただし、この問いについては、「正解を知っている」と主張する人々はいる。もちろん、正解などないのであるが。「死後の世界はどうなっているか?」という問いへの答えもそうである。そして、この問いについても「正解を知っている」と主張する人々はいる。

以上の三つの区分を図で表すと、次の図のように書ける。「自分に分かっていること」が左円、「他の誰かに分かっていること」が右円。そして二つの円の外部の(イ)ヨハクが「自分にも他の誰かにも分かっていないこと」、二つの円の一部(ウ)重なっている部分が「自分にも他の誰かにも分かっていること」を表している。なお、右円との重なりを左円から除いた部分が「自分には分かっているが、他の誰にも分かっていないこと」、逆に左円との重なりを右円から除いた部分が「他の誰かに分かっているが、自分に分かっていないこと」である。

B この図を表に書き換えると、図の下のような表になる。

(細谷実『よく考えるための哲学』による)

(注) 1 心理学的内観——自分の心の中で起きていることを観察すること。

2 マザーコンピュータ——ここでは、社会のすべてを制御する巨大コンピュータのこと。

図

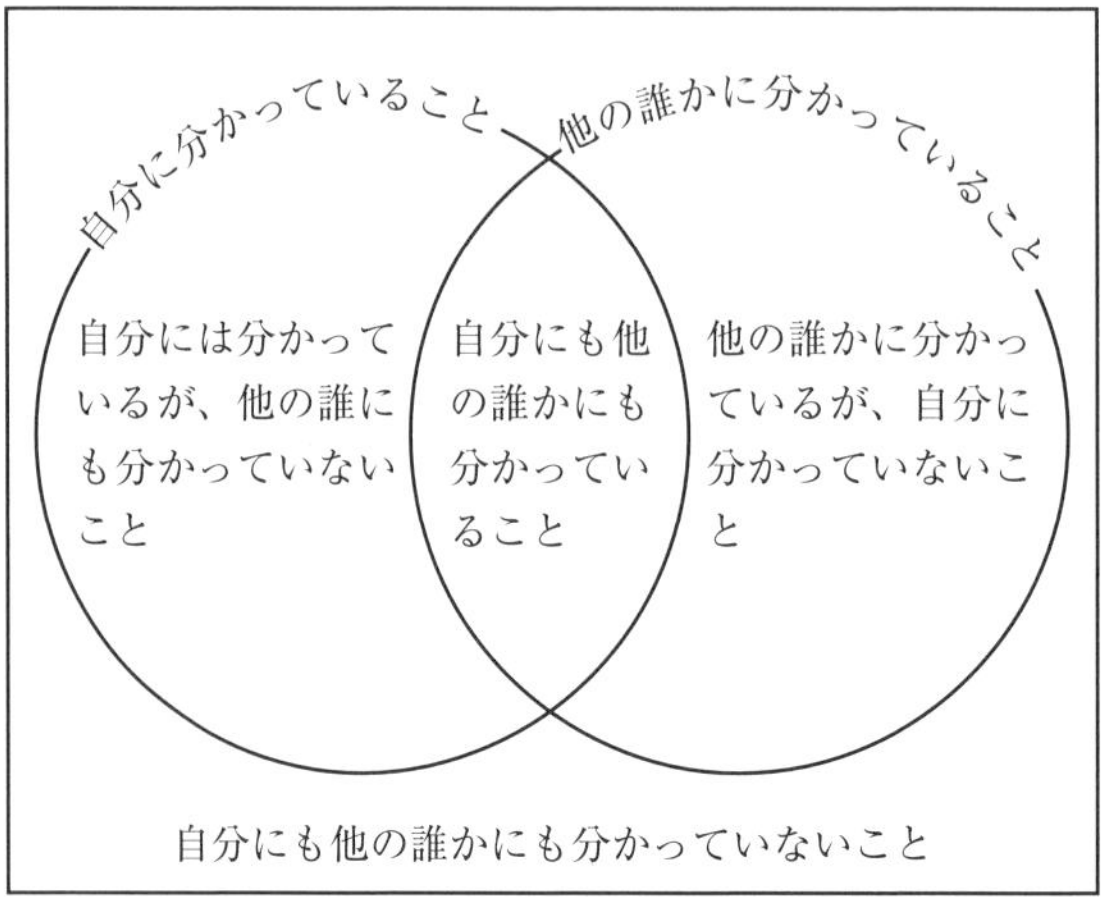

表

	自分に分かっていること	自分に分かっていないこと
他の誰かに分かっていること	自分にも他の誰かにも分かっていること	他の誰かに分かっているが、自分に分かっていないこと
他の誰かに分かっていないこと	自分には分かっているが、他の誰にも分かっていないこと	自分にも他の誰かにも分かっていないこと

【文章Ⅱ】

腸チフス菌が検出されるまでは、腸チフスは病人と直接接触することでうつる病気とされてきた。ところが、病人との接触がないのに腸チフスと思われる事例があちらこちらに発生した。そこには、従来の腸チフスにかんする理論と、具体的な事例のあいだに矛盾がある。そのような状況のもとで、科学者はこの矛盾の意味を発見することにとりかかる。彼はできるかぎりほかの事例をあつめる。病人との直接的な接触なしに生じた(エ)ケースをさがし、そうしたケースがでてくるたびに、その箇所を地図の上にしるし、そのひとつひとつにピンをたてる。そのとき、彼はこれらのピンがことごとく、ミルクの販路や、マーケットの買い物客の住居にそってならんでいることを発見する。このことは、この病気はかならずしも病人との直接的な接触によってうつるのではなく、病気の原因となるものが、ミルクやマーケットの食品によってはこばれることから発生するのではないか、ということを考えさせる。そして探究がつづけられ、ついに病気の原因となる微生物が確認されるのである。そうした微生物の概念は、科学者が最初に当面した矛盾を克服する。

「病気が微生物によってはこばれると仮定すれば、あるいはさらにそれを証明できれば、接触によって説明されてきたすべてのケース(注1)(定立)や、理論と矛盾すると思われてきた、散発的に発生したケース(反定立)もまた解明され説明される。定立と反定立という対立する状況をとりあげて、両者を統一する総合が構成されるのである。」

仮説の検証とは、その仮説による問題の解決である。そして問題は矛盾のかたちであたえられる以上、矛盾の解決がとりもなおさず仮説の検証にほかならない。

近代科学を特徴づけるものは探究的な態度である、とミード(注2)はいう。近代科学は、従来の法則にたいする例外として発見された特殊な問題から出発する。例外が発見されると、問題解決にいたる仮説を提示することをこころみ、あたらしい法則としてうけいれることのできる理論に到達する。それゆえ近代科学は、問題にはじまり、その解決におわるといってよい。ここで解決とは、例外そのものが説明され、問題が提起する矛盾を克服するあたらしい法則をたてることである。

そしてあたらしい法則は、仮説として試行的に設定される。それは多くの探究者によって検証され同意されるとき、ひろくみとめられた理論となる。しかしまた後に例外がでることはさけがたい。すなわち、C ひろくみとめられた理論も、依然として仮説にすぎないのである。ミードによれば、私たちは、かならずまちがいをおかす。それはたんに神ならぬ人間の有限性からくるだけでなく、世界には、つねに予測不可能な、前例のない、「新奇なもの（novelty）」が出現するからでもある。視覚器官をそなえた生物体とともに「色」が出現し、特殊な消化能力をそなえた動物とともに、あるものが「食物」として出現する。こうした「新奇なもの」の出現をミードは「創発（emergence）」とよんでいる。そもそも広大な宇宙の微小な一点にすぎないこの地球に、複雑にして精巧きわまりないＤＮＡをもった生命が発生したのも、おそらくは創発によるものと考えることができるかもしれない。そしてひろくみとめられた普遍的な理論が前例のない出来事によってくずれる理由のひとつに、こうした「創発」がある。いずれにしても科学の法則はすべてたんなる仮説であって、科学法則に最終的なものはないのである。

（魚津郁夫『プラグマティズムの思想』による）

（注）1　定立――肯定的な主張や判断。テーゼ。後の「反定立」は、定立を否定する判断や主張。
2　ミード――アメリカの社会心理学者、哲学者（一八六三―一九三一）。

問1 (i) 傍線部(ア)・(イ)に相当する漢字を含むものを、次の各群の①～④のうちから、それぞれ一つずつ選べ。

(ア) モッカ
① 調味料をクワえる
② 原稿のシタ書き
③ カリの住まい
④ 時がスぎる

(イ) ヨハク
① エイヨをたたえる
② 刑の執行をユウヨする
③ 定期ヨキン
④ キュウヨの一策

(ii) 傍線部(ウ)・(エ)と同じ意味を持つものを、次の各群の①～④のうちから、それぞれ一つずつ選べ。

(ウ) 重なって
① 重テン
② 重アツ
③ 重ザイ
④ 重フク

(エ) 生じた
① 生ケイ
② 生カン
③ ハ生
④ キ生

(ア)	(イ)

(ウ)	(エ)

問2 傍線部A「分かっていることと分かっていないこと」とあるが、これについて説明したものとして最も適当なものを、次の①～⑤のうちから一つ選べ。

① 分かっていることと分かっていないこととの線引きを曖昧なままにしていると、自分が関わっていることでありながらわずかな問題が生じた場合でもお手上げになってしまい、誰かに頼んでその問題を処理してもらうほかなくなってしまう。

② たとえ自分以外の他の誰かに分かっていることであっても、自分が分かっていなければ自分でその知識を使いこなすことはできないのであるから、知識というものは自分にとって分かっているものでなければ意味がないと言うことができる。

③ 自分には分かっているが他の誰にも分かっていない知識とは、結局は自分の意識についての知識や自分だけの秘密についての知識などといったものにすぎないので、その重要度はたんなる空間的単位としての個人の域を超えることはない。

④ 自分と他者との間に「分かっていること」のズレがあると、意思の疎通がうまくいかないというだけでなく、お互いに相手の心に対し疑いを向けずにはいられなくなってゆき、ついには自他の決定的断絶を生んでしまうことになりかねない。

⑤ 「誰にも分かっていないこと」には、いずれ分かる可能性はあるが現時点では誰にも分かっていないこと、人それぞれの答えはあるが万人にとって正しいといえる答えは決めがたいこと、そもそも人間には確かめようのないことなどがある。

問3　傍線部B「この図を表に書き換えると、図の下のような表になる。」とあるが、その説明として最も適当なものを、次の①～⑤のうちから一つ選べ。

① 「図」は「分かっていること」と「分かっていないこと」との間の線引きが曖昧な状態においては世界の見え方も渾沌《こんとん》としていることを示し、「表」はその線引きが明確になれば世界の見え方も秩序だったものになることを示している。

② 「図」は「自分に分かっていること」「他の誰かに分かっていること」「誰にも分かっていないこと」という三つの区分の組合せで生じる四領域の関係を示し、「表」はその四領域がそれぞれどのような要素で構成されているかを示す。

③ 「図」も「表」もともに、「自分に分かっていること」「他の誰かに分かっていること」「自分にも他の誰かにも分かっていないこと」という三つの要素をもとにして、知識に関わる人々の活動がどのように整理できるかを示したものである。

④ 「図」も「表」もともに、「自分」ないし「他の誰か」またはその両方に「分かっていること」の領域の大きさに比べ、「自分にも他の誰かにも分かっていないこと」の領域はもはやわずかなものでしかないことを示そうとしたものである。

⑤ 「図」は「自分に分かっていること」と「他の誰かに分かっていること」とが排他的でなく重なり合う部分を持ちうるという考え方を示すものであるのに対し、「表」は両者が原理的には相いれないものだという考え方を示すものである。

□

問4 傍線部C「ひろくみとめられた理論も、依然として仮説にすぎない」とあるが、それはなぜか。その説明として最も適当なものを、次の①～⑤のうちから一つ選べ。

① 近代科学を特徴づける探究的な態度とは、従来の法則にたいする例外的な事態を発見し、問題解決のための仮説を提示したうえで、それを法則化しあたらしい理論へと到達させることを目指す姿勢のことだから。

② 従来の法則と矛盾する特殊な問題を克服し解決するために仮説として試行的に設定されたあたらしい法則は、多くの探究者によって検証され同意されるときはじめて、ひろくみとめられた理論となるものだから。

③ 人間の知力には限界があり、また世界は本質的に予測不可能性をはらんでいるという認識に基づき、どれほど普遍的なものに見える理論でも必ずそれと矛盾する事態が生じ得るとするのが科学的探究の前提だから。

④ 現在では多くの探究者により検証され同意されてひろくみとめられている科学理論も、もともとは従来の法則にたいする例外として発見され、仮説として試行的に設定された特殊な理論でしかなかったものだから。

⑤ 神ならぬ人間は完全な知性をもたない有限の存在である以上、新しい理論がいかに世界を矛盾なく説明できても、実験や観察による検証が完了するまでは、誤りである可能性をはらむ仮説以上のものではないから。

問5　Nさんは、【文章Ⅰ】【文章Ⅱ】を読んで考えたことを、次のようにまとめた。これについて、後の(i)・(ii)の問いに答えよ。

【文章Ⅰ】は「知識」のあり方について論じた文章である。これをうけて言えば【文章Ⅱ】は、科学的知識のあり方について論じた文章だということができるだろう。

【文章Ⅰ】は「知識」を、「自分に分かっていること」「他の誰かに分かっていること」「誰にも分かっていないこと」の「三つの区分」で捉え、さらにこれらの組合せによって「自分にも他の誰かにも分かっていること」「自分には分かっているが、他の誰にも分かっていないこと」「他の誰かに分かっているが、自分に分かっていないこと」「自分にも他の誰かにも分かっていないこと」という四つのあり方を提示している。これらをもとに、【文章Ⅱ】の内容を考えてみたい。

【文章Ⅱ】では、「腸チフス」を具体例として科学的知識のあり方が説明されている。もともとは「腸チフスは病人と直接接触することでうつる病気とされてきた」が、これと矛盾する「病人との接触がないのに腸チフスと思われる事例があちらこちらに発生」する事態が生じる。この「矛盾の意味を発見」するために科学者は探究をはじめ、この病気は「原因となるものが、ミルクやマーケットの食品によってはこばれることから発生するのではないか」という仮説を立てる。これに基づいて探究がつづけられ、ついに腸チフスという病気は「病気の原因となる微生物」によるものだという新たな理論が構成される。そして、それが「多くの探究者によって検証され同意され」ることで、「普遍的な理論」となるのである。

以上を参考にして、科学的探究の過程を【文章Ⅰ】のことばを用いて説明すれば、
[X]といったことになるだろう。科学とは、そのようにして発展していくものなのではないだろうか。

(i) 傍線部「誰にも分かっていないこと」に当たるものを、次の(あ)〜(え)の中からすべて選び、その組合せとして最も適当なものを、後の①〜⑨の中から一つ選べ。

(あ) 自分はモーツァルトの作品とベートーヴェンの作品のどちらが好きであるかということ。

(い) モーツァルトの音楽とベートーヴェンの音楽のどちらがすばらしい音楽であるかということ。

(う) モーツァルトとベートーヴェンの作曲のしかたにはどのような違いがあるかということ。

(え) 死後にモーツァルトの魂とベートーヴェンの魂がそれぞれどうなったかということ。

① (あ)　② (え)　③ (あ)と(う)　④ (い)と(え)　⑤ (う)と(え)
⑥ (あ)と(い)と(う)　⑦ (あ)と(う)と(え)　⑧ (い)と(う)と(え)
⑨ (あ)と(い)と(う)と(え)

(ii) 空欄 X に入るものとして最も適当なものを、次の①〜④のうちから一つ選べ。

① もとは「他の誰かに分かっているが、自分に分かっていない」ものだった理論を、自らが学ぶことで「自分にも他の誰かにも分かっている」知識とし、そうした学習を積み重ねることで「自分にも他の誰かにも分かっていない」事例に挑んでそれを「自分にも他の誰かにも分かっている」知識とする力をつちかっていく

② 当初は「自分にも他の誰かにも分かっていない」事態であったものが、「自分には分かっているが、他の誰にも分かっていない」仮説の設定によって知識に転じ、それを「他の誰かに分かっているが、自分に分かっていない」知識と組み合わせることで、「自分にも他の誰かにも分かっている」知識を生み出していく

③ ある科学者が「自分にも他の誰かにも分かっていない」ように見える事態に出会った際に、それが実は「他の誰かに分かっているが、自分に分かっていない」事例ではないかとまず疑い、本当に「自分にも他の誰かにも分かっていない」事態だと確定したものについて、仮説、検証、理論化という手続きに進んでいく

④ 科学者たちにとって「自分にも他の誰かにも分かっている」ものだったはずの理論の中に、「自分にも他の誰かにも分かっていない」事態が生じ、やがてある科学者が「自分には分かっているが、他の誰にも分かっていない」説を唱え、探究を通じてそれが新たな「自分にも他の誰かにも分かっている」理論となっていく

4 「ネットワーク社会」

橋元良明《はしもとよしあき》

予想問題 解答▼別冊22ページ

◆次の文章は橋元良明「ネットワーク社会」の一部である。これを読んで、後の問い（問1〜6）に答えよ。なお、本文の表記を一部改めている。

若年層は、既にテレビ等、マスメディア情報への接触が少なくなっているだけでなく、ネット上でも非常に個人的な情報のやりとりが大半を占めている。コミュニケーション系の情報のやりとりの中心は、身の回りの世界のささいな出来事や個人的な心情である。それによって、彼らの関心はますます(ア)キョウショウ化、内向化する。

ニュースもネットで入手となれば、アクセスするのはスポーツやエンタメなどのお気に入りのジャンルだけで政治・経済や外交など、公共的争点には目が行かない。そもそもネットニュースもモバイルで見ることが多く、小さな画面では入念に記事を精読することも難しい。コミュニケーション系の情報のやりとりで政治問題が登場することはほとんどない。実際、我々の二〇一三年調査で「世間のできごとより、自分の身の回りのできごとに興味がある」という質問に対し、一〇代の七二・七%、二〇代の六九・五%が「はい」と答え、他の年層より回答比率が高い。また、「ふだんから政治に対して関心がある」に「はい」と答えた比率は一〇代で一四・四%、二〇代で二九・二%であり、三〇代より上の世代よりかなり低い。この「政治的関心度」は、実際の国政選挙の投票率と非常に高い相関関係にある。

確かに「政治的関心」は、いつの時代でも若年層の方が低く、「年層効果」と呼ばれる現象である。しかし、継時的に見た場合、我々の調査によれば、「政治に関心あり」と答えた比率は、一〇代で二〇〇五年の四四・八%から二〇一三

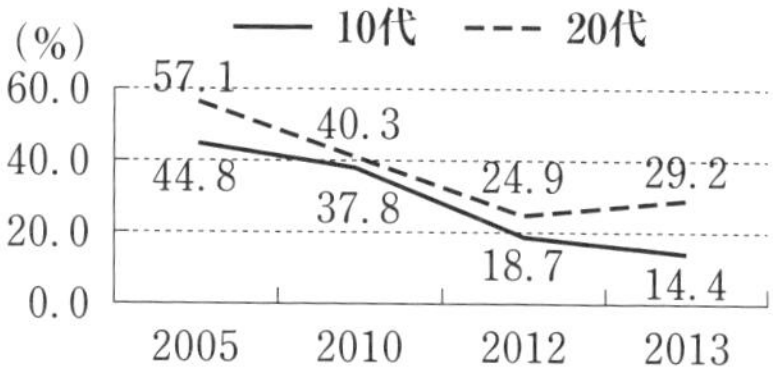

図

年の一四・四％にかけて大きく減少している。政治関心の低下はネットだけが原因ではないことは明らかである。混迷する政局に対する不信感、政治に参加したくても自分たちは政治を動かす力にならないという政治的無効力感、世の中の動きは政治の力ではどうにもならないという政治自体に対する無効力感等の要因が関係していよう。とはいえ、ネットの利用によって、若者の公共的情報の(イ)セッシュが減少し、身の回りの世界の情報交換に終始しがちになってきたことが一つの遠因になっているとはいえないだろうか。実際、我々の調査の分析によれば、モバイルネットを長時間利用している人ほど、またソーシャルメディア(注1)の利用時間が長い人ほど、政治関心が低く、身の回りのことにしか興味がない、という結果が示されている。

　世論的争点に関する報道で、たとえばテレビでは、キャスターによる解説、討論番組、世論調査報道、識者のコメント等、さまざまな形の情報の提示がある。社会心理学者H・ブロシウス(注2)らは、ラジオニュースを素材として、世論調査結果等の直接情報より、むしろ個人的意見として出された生の声の紹介の方が「世間議題の認知（世間ではどう考える人が多いかという認識）」に大きな影響を与えることを実験的に検証した。世間議題認知は直接的に個人の意見形成に結びつく。「街の声」や「識者へのインタビュー」をそのままの形で提示したものを「イグゼンプラー（代表例）」といい、Aその影響をイグゼンプラー効果と呼ぶ。

　年層にかかわらずネット上では多くのコミュニケーション系情報が消費される。その中でツイッター(注3)等のつぶやき系サービスを利用し、カリスマ発信者のツイートを熱心にフォローしている人や、特定のアルファブロガー(注4)の記述を日課として読んでいる人も少なからずいる。そうした発信者やブロガーは、まさしく典型的なイグゼンプラーに他ならない。そうした発信者のツイートはフォロワーだけに共有されるのではなく、さらにリツイートされ、発言によっては幾何級数的な広がりをもつ。うまく活用すれば、新聞の社説はおろか、テレビの人気ニュースキャスターの呼びかけよりも大きな反響を呼び起こすことも可能である。もちろん、ポジティブに賛同を得るとは限らず、一気に反感を買うこともあり得る。

近年、原発問題やいわゆる「ネトウヨ」(注5)論争でしばしばネットの議論が俎上《そじょう》に載せられ、若年層の意見が極端な方向に傾きつつあることが指摘されている。そうした傾向は、ネット世論形成にまつわる特殊性と無関係ではない。

社会心理学の領域では、コンピュータを介した会話において、意見が極端な方向に傾きやすいことがつとに指摘されていた。発言の匿名性から、年齢や地位への配慮が無用になり、自己の責任感が低下すること、誇示動機が大きく働き、またリスキーで勇ましい意見が注目を浴びやすく、場の雰囲気にそぐわない反対意見や(ウ)チュウヨウな意見、意見間調整を試みようとする発言が無視されたり罵倒されたりしがちなことによる。「話し合いで友好を図ろう」という発言より、「この際、戦争だ」(注6)という発言の方が反響が大きいのは自明であろう。また、執拗《しつよう》に、些細《ささい》な芸能人の過失を(エ)キュウダンする大規模掲示板やまとめサイトを思い浮かべれば実態の推測は容易であろう。しかも、いったん、ある方向性の声が数件上がると、それが「大勢」であるような錯覚が生じBに「沈黙の螺旋《らせん》」が始まる。実際の意見分布以上に、極論がはびこっているように見える一因である。

また、ネットはそもそも自らアクティブに特定の情報源に接触するメディアであるから、どうしても自分と、考えの方向性・枠組みが同じ情報だけにアクセスすることが多く、また、同じ考えをもつ者が集まって議論する傾向が生じる。その方が認知的に快だからである。社会心理学でいう「認知的不協和」の回避である。すなわち、他の立場、考えが、排除された中で、自分たちに都合のいい情報の共有・議論が進む。この現象を音響検査室の共鳴になぞらえて「エコーチェンバー現象」(注7)と呼ぶ。原発再稼働反対（あるいは賛成）や地球温暖化問題について声高に議論するコミュニティサイトや、宗教色の濃い特定掲示板を見れば、その様を知るのは容易である。

上記で述べた「意見の極化」「エコーチェンバー現象」に巻き込まれやすいのは何も若年層だけとは限らない。比較的学識が豊かで、自らは批判能力があると自任するネットヘビーユーザーが陥りやすい陥穽《かんせい》である。そうした人たちが危ういのは、背後に「確固たる論理」が存在すると信じ込んでいるところである。つまり、彼らが崇拝するカリスマブロガーやツイート発信者が操る論理に洗脳され、さらにその論理を裏付けるサイトにのみ、次々とアクセスを続ける。反対の論理、反証データの存在は認めようとしない。というか、その存在を脳裡《のうり》から抹殺する。新聞紙上では、否《いや》が応でも時折、気に入らない反対意見も目に入るのとは対照的である。こうした反対意見への不寛容・無知はネット社会の発展とともにますます(オ)ケンチョになりつつあるように思われる。

ソーシャルメディアに関連して、もう一つ不気味な現象がある。二〇一三年あるドラマの最終回は近年にまれな四二％強（関東地区）という高視聴率を記録した。そのドラマに関連するツイートも回を増すごとに増え、最終回の日には二一万七千件に達している。ドラマの中で使われ流行語となった語を含むツイートは合計で三二万件に達した。各回放送日の、関連するツイート数は視聴率と強い相関を示した。ドラマを見てツイートしたのか、ツイートにつられてドラマにチャンネルを合わせたのかはわからない。おそらく双方の関係が成り立つだろうが、今、後者の現象も少なからず生じたと仮定しよう。そうだとすれば、どれだけ放送時間を使って番宣（注8）を行っても、容易に視聴率が上がらなかったものが、ソーシャルメディアに絡ませれば、易々《やすやす》と視聴率が増加したことになる。もちろん、ドラマの中身がそれに応えるものだったからに違いないが、ソーシャルメディアの操作で意図的にいくばくかの視聴率を動かすことが可能にも思える。その影響力の大きさを考えれば、自由な討論（注9）が可能で、理想的な民主主義の実現をサポートするように見えるネットメディアという装置が、一方で少数のデマゴーグが跋扈《ばっこ》する扇動社会を現出させるパンドラの箱にもなりかねないという危惧を抱かせる。

（注）

1 ソーシャルメディア――インターネットにおける情報発信・交流などのための双方向的なメディアの総称。

2 H・ブロシウス――ハンス・ベルント・ブロシウス（一九五七―）。ドイツの社会心理学者。

3 ツイッター――インターネット上の投稿・交流などのためのサービスの一つ。「つぶやき」は、ツイッターにおける個々の投稿（ツイート）のこと。「リツイート」は、ある人の投稿内容を他の人々と共有するために転送する機能。「フォロワー」は、ある人のツイートを見られるように登録した人のこと。現在は「X」と改称され、「つぶやき」は「ポスト」、「リツイート」は「リポスト」となっている。

4 アルファブロガー――ブログ（ウェブログの略。インターネット上で自分の日記や論評などを書き込むウェブサイトのこと）の執筆者である「ブロガー」のうち、大きな影響力を持っていたり、多くの読者を獲得していたりする人のこと。

5 ネトウヨ――「ネット右翼」の略。インターネット上で右翼的な言動をする人のこと。

6 掲示板やまとめサイト――「掲示板」はここでは、インターネット上で情報交換や会話・議論などを行う「電子掲示板」のこと。「まとめサイト」は、インターネット上の情報を特定のテーマに沿ってまとめたウェブサイトのこと。

7 コミュニティサイト――共通の属性や関心を持つ人が集まり、情報共有や交流を行うウェブサイト。

8 番宣――「番組宣伝」の略。

9 デマゴーグ――意図的に虚偽の情報を流し、人々を特定の方向にあおり立てる人。

問1 傍線部(ア)〜(オ)の漢字に相当する漢字を含むものを、次の各群の①〜④のうちから、それぞれ一つずつ選べ。

(ア) キョウショウ
① 心地よいヒビきの音
② 激しくキソい合う
③ 地位をオビヤかす
④ 幅のセマい川

(イ) セッシュ
① 燃料をセツヤクする
② セツナ的な快楽
③ 異質な要素をホウセツする
④ 病巣をセツジョする

(ウ) チュウヨウ
① 気分がコウヨウする
② 社員としてコヨウする
③ ボンヨウな作品
④ 計画のガイヨウを説明する

(エ) キュウダン
① ピアノをレンダンする
② 布をサイダンする
③ ダンジョウに立って演説する
④ 必要な資金をサンダンする

(オ) ケンチョ
① 両親ともにケンザイだ
② ケンボウ術数をめぐらす
③ 政治団体にケンキンする
④ 自己ケンジ欲の強い人

(ア)	(イ)	(ウ)	(エ)	(オ)

問2 **図**（見出しは省略されている）について、本文の論旨を踏まえてこの**図**から読み取れることの説明として最も適当なものを、次の①～④のうちから一つ選べ。

① 政治的関心度と国政選挙の投票率には高い相関関係があるということ。
② 政治的関心はいつの時代でも若年層の方が低いということ。
③ 若年層の政治的関心は低下傾向にあるということ。
④ 政治的関心に関する年層効果とネット利用率には関連性があるということ。

□

問3 傍線部**A**「その影響をイグゼンプラー効果と呼ぶ」とあるが、「イグゼンプラー効果」の具体例として最も適当なものを、次の①～⑤のうちから一つ選べ。

① インターネットの急激な普及によって、これまで人々の主たる情報源となっていた新聞や雑誌などの活字メディアが甚大な影響を受け、それらの発行部数が著しく減少したということ。
② ネット上で連載される小説やコミックなどでは、アンケートにより読者の声を広く集めて分析し、人気のあるキャラクターやストーリー展開の要素を抽出して、それを反映する形で筋書きが作られていくということ。

③ 食品の安全性の問題をテレビで取り上げる際には、学者による専門的研究の成果ではなく、「不安を感じている人が多い」といった世論調査の結果を提示することで、より多くの人に影響を与えられるということ。

④ テレビやラジオのニュースが、その配信システムにおいてかなりの資本がかかることを考えると、大きな資本力を必要としないインターネットを活用して、街の声を配信した方が合理的であるということ。

⑤ 外交問題で自国がとるべき対応について、ニュースの解説者が従来の経緯や対応策ごとの利害について詳細に説明するよりも、人気のある政治家の演説を放送する方が、世論を大きく左右するということ。

□

問4 傍線部B「沈黙の螺旋」とあるが、それはどのようなことだと考えられるか。その説明として最も適当なものを、次の①～⑤のうちから一つ選べ。

① 声高な意見におされて他の意見が表明されなくなることで、前者ばかりが多数派のようにみなされる現象。

② カリスマ発信者の個人的な意見が尊重され、フォロワーたちの意見はいくら数が多くても軽視される現象。

③ 実際には決して多くはないのに、ある種の情報操作によって特定の意見が大勢であるかのように見える現象。

④ 極端な意見が注目を浴びるのは当初だけで、やがてそれらが淘汰《とうた》され自然と大きな流れが形成されていく現象。

⑤ 個性的な主張も「大勢」に属すものと錯覚されて非難を受け、意見を述べる人が次第にいなくなっていく現象。

□

問5 本文における「ネットワーク社会」に関する筆者の考えの説明として最も適当なものを、次の①～⑤のうちから一つ選べ。

① ネットワーク社会では、イグゼンプラー効果と称される影響力よりも、テレビのキャスターによる解説や世論調査報道など、マスメディアの真の価値が改めて見直されるようになっている。

② 高度情報化が加速してネットワーク社会が到来し、自分にとって都合のよい情報の共有化がますます進展して、他の立場や考え方が排除されるという傾向が強くなりつつある。

③ ソーシャルメディアの操作によってテレビの視聴率までもが影響を受けるようになったネットワーク社会においては、様々な側面からセキュリティを強化して、徹底した情報管理を推進する必要がある。

④ ネットワーク社会の若年層は、ネット上での個人的な情報のやりとりが多くなって政治や経済などの公共的な争点をないがしろにするために、専門家の個人的な見解にも注目しなくなるという傾向がある。

⑤ テレビや新聞といった既存のメディアと異なり、ネットワーク社会の中心であるインターネットは自らアクティブに情報源に接触するものなので、情報の質や正確性を吟味しより真実に近い情報を得ることが可能になる。

□

問6 波線部「パンドラの箱」とあるが、次の**【資料】**は、ある事典の「パンドラの箱」についての説明である。これを読んで、後の問いに答えよ。

【資料】

ギリシャ神話で、全知全能の最高神ゼウスが、あらゆる悪と災いを詰め込んで、人間界に行くパンドラに持たせた箱。開けることを禁じられていたにもかかわらず、パンドラが好奇心からこれを開けてしまったため、すべての悪と災いが地上に飛び出し、パンドラがあわててふたを閉めたので、箱の中に「希望」だけが残ったとされる。

右の説明を踏まえて、波線部で筆者が「パンドラの箱」という表現を用いた理由として適当だと考えられるものを、次の①～⑤のうちから**二つ**選べ。ただし、解答の順序は問わない。

① ネットメディアは、いまや全能の神のように巨大な力をもった存在になっていると言わざるを得ないから。

② 情報操作で人々を特定の方向に誘導できるほどのソーシャルメディアの力が、大きな災いをもたらすのではないかと恐れているから。

③ ソーシャルメディアによってテレビドラマの視聴率が動かされたことは、テレビの時代からインターネットの時代への変化を象徴するものだと考えているから。

④ ネットメディアについて、本来もつべきではない力を人間はもってしまったのではないかという思いをどこかに抱いているから。

⑤ 様々な欠陥をもちながらも、ネットメディアは現代社会における唯一の「希望」であると感じているから。

文学的文章編

特徴と解法　文学的文章

出題の特徴

◆**共通テスト第2問**は、**文学的文章（小説など）**からの出題で、設問は大別すれば、**ⓐ語彙（語句の意味）ⓑ本文読解 ⓒ表現・構成 ⓓ複数のテクスト（文章・資料）を関連させる応用的・発展的思考**の四種類である。

◇ⓐ語彙（語句の意味）の設問は、テキスト・テストなどで出題されたものは確実に覚え、語句の意味をまとめて身につけられる問題集なども利用し、さらに日頃から辞書を活用して、知識を強化する必要がある。

◇ⓑⓒⓓについては、この問題集で、考え方を身につけていこう。特に文学的文章の場合は、主観的に答えを出してしまいがちなので、問題演習と解説の熟読を繰り返し、客観的に正解を選ぶ練習を重ねることが大切である。

◇その上で、共通テスト過去問による問題演習で仕上げていくことになるが、さらにⓐⓑⓒに関しては、共通テストの前身である大学入試センター試験の過去問による問題演習も有効である。

解法

◇本文読解に際し、論理的文章編に示したことに加え、特に**文学的文章で注意すべき点**は次の通りである。

＊**〈リード文（前書き）〉がある場合はその情報を頭に入れ、本文を読み進めつつ関連する情報をつなげていく**。

＊小説やストーリー性のある随筆の場合、**時と場所、主要人物それぞれの属性や性格および置かれている状況、人物間の関係性**などの基本的な情報は、適宜チェックしていく。

＊**人物の心情**を示す記述を中心に、**状況や心情の変化、時制の変化（過去の回想が挿入されるなど）や時間の飛躍（翌日の場面に移るなど）**などを示す記述に注意しながら読む。

＊**語りの〈視点〉**に注意する。**一人称の作品**であれば**その語り手が〈視点人物〉**であるが、**三人称の作品**でも、**地の文（せりふ以外の文）で直接心の中を記述されるのが人**

物Aだけの〈他の人物は例えば「Bは喜んでいるように見えた」のように〈Aから見た様子〉という形でしか描かれない〉場合は、**Aが視点人物**だということになる。その場合、**〈地の文〉は基本的には〈Aの意識・内面を記述したもの〉**であることに注意する。

◇**解答**に際し、論理的文章編に示したことに加え、特に**文学的文章で注意すべき点**は次の通りである。

＊文学的文章で**登場人物（や作者）の心情**を答える際には、**〈自分だったらどんな気持ちになるか〉と考えるのではなく、**文中の心情に関する記述や、その人物の年齢、性格、時代背景、立場、状況などを踏まえて**〈この人はどんな気持ちなのか〉**と、〈自分とは違うかもしれない〉他人の気持ちを思いやる姿勢で考える。

＊文学的文章では、本文の叙述を表面的にとらえるだけでなく、**〈暗示的な表現や象徴的な表現など、表面的な記述にこめられた直接書かれていない意味を読みとる〉〈直接書かれていない心情や状況を推測する〉**ことが求められる。**その際には、ある表現をその箇所だけで勝手に解釈するのではなく、関連する他の箇所とのつながりや本文の展開の中でとらえることで、最も妥当と考えられる解釈を**とる、という姿勢で考える。

＊本文以外の文章・資料の出題については、論理的文章同様、本文とそれらとの関連性をとらえる必要がある。また、①**作品（本文）と②その解説や感想・批評など**とが組み合わされる場合には、②のうち、**作品の内容に直接対応している部分と、それをもとに発展的な内容を述べている部分との違い**を意識し、①の内容だけでなく、**②の中での論旨展開などにも注意**して解答を考えていく必要がある。

＊**生徒のノート・生徒の書いた文章・生徒の会話といった〈学習場面〉を想定した設問、推測や応用的思考を求める設問、表現や構成・展開**の設問については、論理的文章編に記したことを参照してほしい。**まぎらわしい選択肢**についても同様である。

5 『姨捨《おばすて》』 井上靖《いのうえやすし》

予想問題〈センター試験 国語Ⅰ・Ⅱ〈本試験〉改〉
解答 ▼別冊28ページ

◇次の文章は井上靖の小説『姨捨』（一九五五年発表）の一節である。「私」は子どものころ姨捨山にまつわる伝説を知って強い衝撃を受けた。後年、「私」は、七十歳になる母が「姨捨山に棄てられたい」と言ったのを聞いてから、その母の言葉がずっと気になり、母を背負って姨捨山付近を歩く自分を空想したりした。以下は、そのような「私」が講演のために九州を訪れたときの場面である。これを読んで後の問い（問1〜5）に答えよ。なお、設問の都合で本文の上に行数を付してある。

私は九州へ旅行すると決まった時、妹に会って来ようと思った。そして東京を発《た》つ前に、母から住所を聞いて、電報で会いたい旨を連絡して置いたのである。私は清子が訪ねて来るかも知れないし、来ないかも知れないと思った。

その夜、講演会場から旅館へ戻ると、部屋の隅の縁《えん》近いところに、妹は予想していたよりは明るい顔で、(ア)小ざっぱりした身なりをして座っていた。グレイのスカートを履《は》き、純白の毛糸のセーターを着、髪は流行のショートカットで、実際の年齢は三十四歳なのに、一見すると二十四、五歳にしか見えなかった。

「とにかく食べるだけは食べていますわ。贅沢《ぜいたく》はできないけど」

清子は言った。（注1）遠賀川《おんががわ》の河口近い海岸の町の飛行場の内部にある美容院が、彼女の現在の職場であった。そこで清子は二十歳前後の娘たち何人かと、自分が何となく頭株のような恰好《かっこう》で、外国の女たちを客にする仕事に従事しているのであった。

私たちは久しぶりで会った兄妹としてそれにふさわしい口調で話した。彼女の破鏡《はきょう》(注2)についても、その後の行動についても、私は兄としての立場から言うべきことは沢山あったが、それには一切触れなかった。すべては、今更どうなる問題でもなかった。二人の子供まで残して家をとび出したくらいだから、彼女には彼女なりの覚悟もあり、考え方もあると思われた。

話題には自然両親や兄妹のことばかりが選ばれた。

A「おふくろは相変わらず姨捨だよ」

と私は言った。

姨捨という言葉は、母が姨捨に棄《す》てられたいと言った時以来、時々兄妹の間では使われていた。子供たちには便利な言葉であった。実際に母が姨捨に棄てられたいと言ったことはいかにも母らしいことで、その性格のいいところをも、悪いところをもそれは(イ)端的に現していた。従って、姨捨だよという言葉の中には、母の自尊心や気儘《きまま》や気難しさへの軽い非難と、反対にそれらを肯定する子供たちだけに通ずる母への労《いたわ》りの気持ちも含まれていた。

清子は私の言葉で一瞬可笑《おか》しさを噛《か》み殺したような表情を取ったが、

「姨捨といえば、わたし、母さんはあの時、本当に姨捨山に棄てられたいと思ったのではなかったかと思うわ」

と言った。

「どうして?」

「なぜか、そんな気がしますの。本当に一人きりだけになって、一切の煩わしいことから離れ、心から、どこかの山の奥へ棄てられたかったのではないかしら」

「よせよ」

思わず私は言った。清子の言い方に何となく、こちらをはっとさせるようなものがあったからである。

「前から、君はそんなことを考えていたのか」

「いいえ、たった今です。兄さんが姨捨という言葉を出した時、ふと、わたし、そんな気がしたんです」

私は、いつか自分が母を背負って姨捨付近を歩いたあの空想の一場面を想《おも》い出していた。そしてあの時感じた冷んやりした思いが再び自分を襲って来るのを感じた。

それから清子はしばらく考えるようにしていたが、

「わたしだって、家をとび出す時は、そんな気だったんです。何というか、こう、急に一切の煩わしさから離れて一人になりたくなっちゃって――」

「姨捨へ棄てられたかったのか」

「まあね」

「若い婆《ばあ》さんだな」

「七十には間があるけど」

それから、清子はその時だけ暗い表情で笑った。自分の行動をそれとなく弁解しているようにも受け取れたが、またそれはそれで彼女の気持ちは全く別のところにあるかも知れなかった。

私は彼女が置いて来た二人の子供については何も話さなかった。彼女もそれについて触れたかったであろうが、それに耐えている風であった。

清子が子供のことが心配だと言えば、私は、そんなことは当然だ、初めから判《わか》っていたことではないか、と言うほかはなかった。それを私も清子も知っていた。

その晩二人は枕を並べて眠った。いかにも炭鉱町の旅館らしく、建物は幾棟《いくむね》にもなっていて、どこか遠くの部屋で宴会でも開かれているのか、三味線の音や男たちの高声、女たちの嬌声《きょうせい》などが遅くまで聞こえていた。

翌朝、私は電車で一時間かかる場所へ帰って行く妹を、その町の駅まで送って行った。早朝だというのに、すでに街は埃《ほこり》っぽく、人々は大勢出歩いていた。人口六万の都市だというが、宿の女中の話では絶えず増減があり、郊外のそれを併《あわ》せると倍近くになるだろうということだった。いかにもそうした街の持ちそうな落ち着きなさが、道の両側の商店のたたずまいにも通行人の足の運び方にもあった。豆炭《まめたん》(注3)工場の煙突から出る煙が空を(ウ)どんよりと曇らせている。

私は行く手に大きい三角形のボタ山(注4)が二つ見えている通りを妹と並んで歩いた。清子は自分がそれから乗る電車の沿線にも同じようなボタ山が幾つも見えると語った。

駅へ着くと改札口のところで、

ⓐ「東京へ帰りたいけれど、当分はね」

清子はそんなことを言って、ちょっと淋《さび》しそうに笑った。

「同じ働くなら、東京でもいいじゃあないか」

「でも」

意味不明な表情を取ったが、

ⓑ「もうしばらくここで働いて技術を身につけますわ。技術を身につけるということから言えば、相手が外国人だからここがいいと思うんです」

技術の習得の問題はともかくとして、ⓒ清子は恐らく自分が出て来た家から少しでも離れて住んでいたい気持ちであろうと思われた。

「ひどく叱《しか》られるかと思って、びくびくもので来たんですけど、来てよかったわ」

「叱りはしないよ。叱ったって取り返しはつかんじゃないか」

「これからお手紙出していいですか」

「いいも悪いもないだろう」

「では」

清子は擦《す》り抜けるように改札口を通り抜けると、ⓓ右手を上げて、掌《てのひら》だけをひらひらさせた。少女のようだった。苦労している女の仕種《しぐさ》ではなかった。

同行の連中とこの町を出発するまでにまだ二時間近くあったので、私はメインストリートを通り抜けて町端《はず》れまで散歩した。料理屋と旅館とパチンコ屋がやたらに多くて、そればかりが目についた。私は昨日この土地の人から、この町の下が坑道になっているので、時々地盤が陥没して家が傾くということを聞いていたので、注意して歩いたが、それらしい家にはぶつからなかった。ただ、町の端れになると大小の水溜《みずたま》りがあちこちに見受けられた。あるいは、これこそ地盤が陥没して生じた窪地《くぼち》ではないかと思われた。

私はこうした筑豊《ちくほう》の炭田地帯がずっと北方に海際まで続き、その海際の飛行場の中の美容室にいま妹は帰りつつあると思った。

妹は姨捨山に棄てられたいといった母の気持ちに彼女らしい見方をしていたが、考えてみると、彼女こそ九州の炭田地帯の一角で、人工の不自然さを持った石炭がらの姨捨山の上に出る月を、二か年近くも眺めて過ごしているわけであった。

私はふと足を停《と》めた。昨夜清子と話してから何か考えなければならぬことがあるような気がして、落ち着かない気持ちだったが、この時、その考えなければならぬということの正体が突然はっきりした形で私の脳裡《のうり》に閃《ひらめ》いた気持ちであった。

母を一瞬襲い来《きた》った姨捨へ棄てられたいといった思いは、紛れもなく一種の厭世観《えんせいかん》といえるものではないか。そして清子の、その理由は何であれ、常人では為《な》し遂げられぬ家庭脱出もまた、母のそれと同質な厭世的な性向が幾らかでもその役割を持っていはしないか。

（注）1　遠賀川――福岡県を北流して日本海に注ぐ川。
2　破鏡――離婚。
3　豆炭――石炭、木炭などの粉末を練り合わせて作った燃料。
4　ボタ山――炭鉱で選炭したあとの廃石や質の悪い石炭を積み上げた山。

問1　傍線部(ア)～(ウ)の語句は、本文中でどのような意味に使われているか。最も適当なものを、次の各群の①～⑤のうちから、それぞれ一つずつ選べ。

(ア)　小ざっぱりした
① もの静かで落ち着いた
② さわやかで若々しい
③ 上品で洗練された
④ 清潔で感じがよい
⑤ 地味で飾り気のない

(イ)　端的に
① 手短にはっきりと
② 生き生きと言葉のはしばしに
③ 余すところなく確実に
④ わかりやすく省略して
⑤ あざやかに際立たせて

(ウ) どんよりと

① 暗くかすむように
② くすんで貧弱に
③ 濁って重苦しく
④ けだるく眠そうに
⑤ 黒々と分厚く

(ア)	
(イ)	
(ウ)	

問2 傍線部A「おふくろは相変わらず姨捨だよ」とあるが、「私」はなぜこのように言ったのか。その説明として最も適当なものを、次の①〜⑤のうちから一つ選べ。

① 母に対するいたわりの気持ちを妹に示すことによって、妹との失われた信頼関係を回復させるため。
② 母に対して抱いている軽い非難の気持ちを妹に表すことで、暗に妹の行動を批判しようと考えたため。
③ 母をもてあましている実情を告げることによって、妹に兄の苦しい立場を理解してもらうため。
④ 母への共感を妹にほのめかすことで、妹の行動を内心では認めていることを明かそうと思ったため。
⑤ 母についての共通の言葉を持ちだすことで、おたがいのわだかまりを無くして話しやすい雰囲気をつくるため。

問3　傍線部B「清子の言い方に何となく、こちらをはっとさせるようなものがあったからである」とあるが、清子はどのような言い方をしたのか。その説明として最も適当なものを、次の①〜⑤のうちから一つ選べ。

① 子供たちの間では、「姨捨」という言葉を、母の気難しさをほのめかすときに用いてきた。清子は、これを常識にはずれた母のふるまいを指す言葉として捉《とら》え、意識的にその後の母を心配しているような言い方をした。

② 子供たちの間では、「姨捨」という言葉を、母の複雑な思いをいたわる意味に用いてきた。清子は、これを母のわがままな性格を示す言葉として捉え、そのような性格を冷静に批判しているような言い方をした。

③ 子供たちの間では、「姨捨」という言葉を、母の性格を示す独特の含みをもつものとして、軽い皮肉を込めて用いてきた。清子は、これを文字どおり母の本音を示す言葉として捉え、真剣に考えているような言い方をした。

④ 子供たちの間では、「姨捨」という言葉を、良くも悪くも受け取れる母の性癖を表すものとして用いてきた。清子は、これをいまだに冗談めかして使うことで自分を正当化するような言い方をした。

⑤ 子供たちの間では、「姨捨」という言葉を、母の一風変わった性格をからかうものとして用いてきた。清子は、これを兄である「私」を批判する言葉として捉え、「私」の不孝をなじるような言い方をした。

□

問4 本文中、波線部ⓐ～ⓓの、清子の言動やそれに対する「私」の判断などから、清子のどのような人物像がうかがえるか。その説明として最も適当なものを、次の①～⑤のうちから一つ選べ。

① 家族関係の煩わしさから解放されれば自由に生きられると考えて一人になったが、実際には、孤独と生活の苦労の中にしか身が置けなくなり、自分の判断を後悔しながら生きているような人物像。

② 家族関係を断ち切り、あえて孤独な境遇に身を置いていることと、その一方で、一人になって自由に生きていることとが、自分の中でなんとか均衡を保っているような人物像。

③ 美容の技術を習得するために家族をも犠牲にしてしまう薄情さと、そのすさんだ気持ちを打ち消そうとして、わざと年齢不相応な態度をとる頑固さとを持つ人物像。

④ 一人で自由に生きるために家族を捨てるような、利己的だが決断力のある一面と、孤独な生活にうちひしがれてしまうような弱い未成熟な一面とを併せ持った人物像。

⑤ 煩わしい家族との関係を断ち切り、苦労は多いが、遠い九州の地でやっと自分らしい自然な生き方を見いだしたので、少女のようにのびのびと暮らしている明朗な人物像。

□

問5 Aさんのクラスでは、二重傍線部「その考えなければならぬということの正体」について考察するために、79行目「姨捨山の上に出る月」について各自調べ、授業で話し合うこととなった。次の【対話】はその様子である。これについて、後の(i)～(iii)の問いに答えよ。

【対話】

Aさん――「姨捨」とは、古くからある、老人が山に捨てられる伝説に由来する言葉で、「姨捨山」は長野県北部にある冠着山《かむりき》のことではないかと言われています。79行目の「姨捨山の上に出る月」というのは、『古今和歌集《こきんわかしゅう》』に「題しらず」、「よみ人しらず」として収められている

「我が心なぐさめかねつ更級《さらしな》や姨捨山に照る月を見て」

に基づくもののようです。

Bさん――Aさんの言う『古今和歌集』の歌をもとにして、いくつかの物語が作られたと考えられています。『大和《やまと》物語』では、親がわりのおばに育てられた男が、そのおばのことを悪く言う妻にせがまれて老いたおばを山に捨てたのですが、帰ってから月を眺めつつ悲しくなり、「我が心」の歌を詠み迎えに行ったという話が伝えられています。

Cさん――『俊頼髄脳《としよりずいのう》』でもこの歌が引かれています。昔、姪《めい》を子にして育てたおばが年をとって姪に山に捨てられ、その山頂で一晩中月を見て詠んだ歌だとされています。さすがに心配になって姪が山に戻りこの歌を聞いたとのことです。

Aさん――こうやって二つの物語を比較すると、違っている点がありますね。[X]になっています。

Dさん――伝承や伝説がどのようにして作られたのかが垣間見《かいまみ》える気がしますね。

Cさん――「題しらず」、「よみ人しらず」だからこそ、後の人たちにさまざまに解釈されそれが伝えられていく、ということなのかもしれません。

Dさん――「姥捨山」は月の名所としても知られており、『古今和歌集』以来歌枕にもなっているので他の歌にも詠まれています。いくつか集めてみました。

ア　君が行くところと聞けば月見つつ姨捨山ぞ恋しかるべき　紀貫之《きのつらゆき》

イ　月もいでで闇にくれたる姨捨になにとて今宵《こよい》たづね来つらむ　菅原孝標女《すがわらのたかすえのむすめ》

ウ　これやこの月見るたびに思ひやる姨捨山の麓《ふもと》なりける　橘為仲朝臣《たちばなのためなかあそん》

エ　更級や昔の月の光かはただ秋風ぞ姨捨の山　藤原定家《ふじわらのていか》

オ　隈《くま》もなき月の光をながむればまづ姨捨の山ぞ恋しき　西行《さいぎょう》

カ　今宵われ姨捨山の麓にて月待ちわぶと誰か知るべき　前大僧正覚忠《さきのだいそうじょうかくちゅう》

Bさん――これらを見ると、「姨捨山」が詠まれた短歌には、捨てられた者の悲しみや寂しさに思いを馳《は》せるものと、月そのものの美しさに思いを寄せるものとがあることがわかりますね。

Cさん――なるほど。ではそのことを踏まえ清子について「その考えなければならぬということの正体」を考えれば、その「正体」とは **Y** だということになりますね。

(i)　空欄 **X** に入るものとして最も適当なものを、次の①～④のうちから一つ選べ。

① おばを捨てたのが、前者では妻、後者では姪

② おばを捨てたのが、前者では男、後者では姪

③ 歌の詠み手が、前者では捨てられたおば、後者では捨てた姪

④ 歌の詠み手が、前者では捨てた男、後者では捨てられたおば

(ii) 傍線部「捨てられた者の悲しみや寂しさに思いを馳せるものと、月そのものの美しさに思いを寄せるもの」とあるが、**ア〜カ**の短歌をこの二つに分けた場合、その組合せとして最も適当なものを、次の①〜④のうちから一つ選べ。

① 〈ア・ウ・オ〉——〈イ・エ・カ〉
② 〈イ・ウ・エ〉——〈ア・オ・カ〉
③ 〈ア・イ・エ〉——〈ウ・オ・カ〉
④ 〈イ・エ・カ〉——〈ア・ウ・オ〉

□

(iii) 空欄 Y に入るものとして最も適当なものを、次の①〜④のうちから一つ選べ。

① 母からの影響を受けて結婚後家庭を捨てたことで、逆に明るく美しい月明かりのもとで自身の生を可能にしている、家族の情愛や信頼感を否定する「一種の厭世観」のこと
② 家族との触れ合いを求めながらもあえてそれを拒んで一人で生きることに、どこか寂しさを味わいながらも、煩瑣《はんさ》な人間関係を断ち切りたいと思う「一種の厭世観」のこと
③ 遠く家族から離れて不安定な日々を過ごしてはいるが、月明かりの美しい炭鉱地帯で、一切の人間関係を切り捨て世俗を超越した生を送りたいと願う「一種の厭世観」のこと
④ 二人の子供を残して家を出て厳しい生活体験をするなかで、母の言葉に込められた悲しみに自己を重ねるに至った、現実を拒絶するような虚無的な「一種の厭世観」のこと

□

6

「雪間」

丸山健二《まるやまけんじ》

予想問題
〈センター試験　国語Ⅰ・Ⅱ〈追試験〉改〉
解答 ▼別冊34ページ

◆次の文章は、丸山健二「雪間」（一九六七年発表）の一節である。小学生の忠夫《ただお》は冬の朝、祖母の急死の知らせを受けた母に連れられ、バスで一時間ほど離れた村の母の実家に行く。実家では、母屋から離れて、祖父が一人で離れ屋に住んでいる。忠夫はこの祖父とうさぎ捕りに行くのを、いつも楽しみにしていた。これを読んで、後の問い（問1〜5）に答えよ。

母屋の戸が開いて、誰《だれ》かの足音が近づいてきた。凍り始めた雪がバリバリ鳴る。

「誰か来るよ」忠夫は戸口を見た。

戸が勢いよくあいた。忠夫のお袋と伯母が入ってきた。二人とも前掛けをしている。

「忠夫ったら、どこへ行ってたの」

お袋が訊《き》いた。

「山」

「じいちゃんとか」

「うん」

お袋が網袋のうさぎをみつける。「またうさぎ捕ったの」

「うん」

「まあ、とうさんたら」伯母はかん高い声で祖父に言った。

「こんな日に殺生するなんて、かあさんが死んだんですよ」

祖父は返事をしない。

A「ほんとに薄情だったら」と伯母。

「忠夫、きなさい」お袋は忠夫の手をひっぱった。「ごはん食べるんだから」

忠夫は祖父を見ながら長ぐつをはいた。

「とうさんごはんどうします?」

伯母が訊く。

「いい」と祖父が言った。

「いいって食べないんですか」

「うん」

忠夫はお袋に手をひかれ、伯母と外へ出た。風が吹いていた。

B「かあさんも気の毒に」

伯母が言った。

「姉さんはよかったよ、結婚なんかしなくって」とお袋が言った。「男なんて勝手なもんだよ」

C「ほんとになあ、かあさんはかわいそうだよ」

お袋と伯母は涙声になった。

同じ夜、忠夫は一人で夕食を食べた。広間を覗《のぞ》いたが、まだ釘《くぎ》を打っていない棺おけの前で、集まった男や女が飲んだり食べたりして、喋《しやべ》っていた。

「ねえ」忠夫は伯母に訊いた。「みんなどうして家へ帰らないの」

「今日は帰らないんだよ」伯母は沸騰した鉄ビンの中へとっくりをつけた。

「どうして」

「ばあちゃん一人で淋《さび》しいから、一緒に居てやるんだよ」

「ずうっといるの」

「今夜だけ」

「あとはどうするの」

「お墓に埋めちゃうんだよ」伯母は前掛けの端を使って、鉄ビンからとっくりをつまみあげた。

「眠くなったか」

「うん」

「ここで寝な」

「じいちゃんとこで寝る」

「あんなとこへ行くな」

「あそこの方がいい」

「変わってるよ、おまえは」

「かわってるって?」

「なんでもないよ」伯母はとっくりをアルミの盆に載せ、みんなの所へ運んで行った。

「布団たくさん掛けてもらうんだよ」

「うん」

忠夫は夜道を走って、離れ屋へ行った。

祖父がさっきと同じ恰好《かっこう》でろばたに坐《すわ》っていた。

「ここで寝るよ」と忠夫は言った。

「そうか」と祖父。

「ごはん食べないの」

「食べたくないんだ」

「そう」

「寝るか」

「まだいい」

「布団だけ敷こう」祖父は押し入れから厚い布団をだした。

忠夫は手伝って枕《まくら》をおろした。祖父の枕はあずきが入っていて、重たくひんやりしていた。忠夫は下着になり布団へもぐる。祖父が上から布団を掛けた。

祖父は毛皮のチョッキとズボンを脱いで、忠夫の隣へ寝た。

忠夫は横を向いて祖父を見、できるだけ体をちぢめた。足の方が寒い。祖父のまぶたは閉じてもしわがあった。

忠夫は耳かけ(注1)のことを思い、起きあがるとそれを持ってきた。布団にもぐる。

「いいだろう」

祖父が言った。

「うん」と忠夫。(注2)「あの大きいのでもう一つ作ってよ」

「ああ」

「いつ?」

「いつになるかな」

「あしたじゃだめ?」

「そんなに早く作れないよ」

「そうだね」

「皮をはいで乾かすんだ」

「じゃ、その時でいいや」

「今度はいつ来る」と祖父。

「わかんない」と忠夫は言った。「でも来るよ、約束する」

母屋の騒ぎは続いていた。

ⓐ「ばあちゃん、死んだね」と忠夫は言った。

「うん」祖父は急に起き、紐《ひも》を引っぱって電灯を消した。

「点《つ》けといたらいいのに」

「眠れないからな」と祖父が言った。

部屋の中は、ろの残り火でボオッと赤かった。

ⓑ「ばあちゃん死んだね」

　また、忠夫は言った。

「ああ」

「あした埋めるんだって」

「焼いてからな」

「焼いてどうするの」

「骨だけにするんだ」

「それから埋めちゃうの」

「そうだ」

　残り火が消え、祖父の顔が見えなくなった。

「うさぎはみんな叩《たた》かれて死ぬの」

「自然に死ぬのもあるさ」

「やっぱり埋めるのかな」

「どうだかな」

　箱(注3)のうさぎがゴソゴソ動いていた。忠夫は耳をすまし、うさぎが草を食べる音を聞いた。母屋の騒ぎが更に大きくなった。

「あの(注4)うさぎね」と忠夫は言った。「血出さなければよかったね」

「………」

「死ぬと淋しいんだって」

「………」

ⓒ「ばあちゃんは一人で死んで淋しいんだって」

「誰が言った」

「おばちゃん」

「淋しくなんかないさ」と祖父は言った。「死んだらおしまいだ」

忠夫は温まってきた体を少しずつのばした。祖父が背中をむけたのがわかった。

「寝よう」と祖父が言った。

「うん」忠夫は耳かけを握りしめた。

箱のうさぎは草を食べ続けていたが、黙っているとその音も聞こえなくなった。祖父は何度も寝返りを打つ。

「眠れないの？」

忠夫は低い声で訊いた。

「眠るよ」と祖父が言った。

「あしたは雪だね」

「うん降るな」

ⓓ「ばあちゃんねえ」

「もう寝ろ」

「うん」忠夫はうさぎのことを話そうと思ったが、眠ってしまった。

その夜遅く、忠夫は唸《うな》り声で眼《め》がさめた。首をまげて窓を見る。空は晴れて、月が出ていた。声は祖父だった。背中を向けている。忠夫は、月の光で、祖父の広い肩が小刻みに揺れているのがわかった。唸り声は長い間続き、聞いているうちに忠夫は眠った。

朝。忠夫が起きると、外はひどい雪降りだった。窓の桟にも積もっていた。祖父は外で雪をかいていた。しばらくして、お袋が傘をさし、忠夫を迎えに来た。

(注) 1 耳かけ――防寒用の耳おおい。祖父がうさぎの毛皮で忠夫に作ってくれていたもの。
2 あの大きいの――昼間、うさぎ捕りに行ったとき、祖父が仕掛けたワナにかかっていた大きなうさぎ。
3 箱のうさぎ――祖父が、離れ屋の箱の中で飼育しているうさぎ。
4 あのうさぎ――昼間、祖父が、ワナとは別に、ナタで殺して捕らえたうさぎ。

問1 傍線部**A**、**B**、**C**には「ほんとに薄情だったら」「かあさんも気の毒に」「ほんとになあ、かあさんはかわいそうだよ」とあるが、これらの言葉をもとに、忠夫の母と伯母の心の動きの説明として最も適当なものを、次の①～⑤のうちから一つ選べ。

① 母の死んだ日に殺生をした父の冷たさを一貫して非難し、そのような父に対する反発と嫌悪をつとめて抑えながら、亡き母に同情している。

② 母の死んだ日に殺生をした父を厳しく非難し、通夜の食事にも出ないような夫を持った母の一生を思い、娘としてまた女性として同情を深めている。

③ 母の死んだ日に殺生をした父に対する怒りと、父について行った忠夫への憤りなどから、そんな仕打ちをされる母に同情し、父や忠夫に激しく当たり散らしている。

④ 母の死んだ日に殺生をした父の薄情な態度への怒りと、そういう夫に仕えて一生を送った母への同情とから、悲しみの涙を流しながら、父にどのように対応してよいか、心の中は揺れている。

⑤ 母の死んだ日に殺生をし、通夜の夜でさえ、集まった人々と一緒に食事をしないという父のわがままにあきれはて、死んだ母への同情から、父に対して涙を流すほどの怒りにかられている。

問2 「離れ屋」における忠夫と祖父の会話の間には、「母屋」における通夜の夜の「騒ぎ」が、波線部のように挿入されている。その意味と効果の説明として最も適当なものを、次の①～⑤のうちから一つ選べ。

① 離れ屋における祖父と忠夫の静かな会話に対して、通夜の行われている母屋の飲食の騒ぎを配することで、人々と和することのできない祖父の冷酷さと頑固さとをあからさまに感じさせない働きをしている。

② 通夜の行われている母屋で人々が飲食をして騒いでいるのに対して、離れ屋における祖父と忠夫の静かな会話を配し、母屋の人々の軽薄さと無情さとを引き立てる働きをしている。

③ 通夜の行われている母屋で人々の飲食する騒ぎが、離れ屋における祖父と忠夫の静かな会話と対照をなすことで、世の無情と悲哀とを鮮やかに浮き上がらせる働きをしている。

④ 通夜の行われている母屋で飲食する騒ぎが、離れ屋における祖父と忠夫の静かな会話と響きあって、生死に対

する動と静の二つの様態を鮮やかに現前化し、あたかも人生の縮図を思わせる働きをしている。

⑤ 離れ屋における祖父と忠夫の静かな会話に対し、通夜の行われている母屋の飲食の騒ぎが、対照的に配置され、祖父の孤独と悲しみを深々と描き出す働きをしている。

□

問3 傍線部ⓐ〜ⓓで、祖母について語る忠夫の言葉と、その言葉に対応する祖父の言葉や態度から、二人のどのような思いを読み取ることができるか。その説明として最も適当なものを、次の①〜⑤のうちから一つ選べ。

① 忠夫は、祖母の埋葬やうさぎの血に、無邪気で残酷ともいえる好奇心を抱き、死を感覚的に理解しようとしているが、祖父は、妻の死とうさぎの死を同じように即物的に、無感動にとらえている。

② 忠夫は、祖母の死とうさぎの死に接したことから、生き物が死ぬことの淋しさや残酷さを感じているが、祖父は、自分自身にも間もなく訪れる老いによる死を静かに淡々と受け止めようとしている。

③ 忠夫は、死という理解を超えた事実よりも、炉の暖かい火やうさぎが餌《えさ》を食べる音などの生きた事物の方に関心を持っているが、祖父は、妻の死への空しさや自らの死への不安にとらわれている。

④ 忠夫は、祖母の死とうさぎの死の対比を通して、生き物の死に目を向けはじめ、祖父は、人間の死を自然の中の出来事の一つとしてとらえようとしながらも、妻の死への深い悲しみを秘めている。

⑤ 忠夫は、妻に先立たれた老人の孤独を子供なりに感じて祖父に同情しているが、祖父は、「死んだらおしまいだ」と妻の死を冷厳に突き放して受けとめ、孤独でかたくなな姿勢をつらぬいている。

□

問4　本文の表現上の特色として、どのような点が挙げられるか。その説明として最も適当なものを、次の①～⑤のうちから一つ選べ。

① 忠夫の内面描写に終始しており、外界の出来事を敏感に受け止める子供の内面世界の透明な純粋さを印象づけようとする、硬質で知的な表現である。

② 心理描写をつとめて抑えた短い会話や簡潔な情景描写の積み重ねを通して、生と死をめぐる複雑な思いを暗示する、静かで余情に満ちた表現である。

③ 平明な語り口であり、子供の視点による何気ない会話の展開の結果、大人たちの隠された心情の対立を次第に浮き彫りにするような、技巧的で風刺を込めた表現である。

④ 動と静、明と暗、暖かさと冷たさなどを対比的にとらえ、内面描写よりは時間の推移のもとでの自然描写に力点を置いた、感覚的で色彩感に富む表現である。

⑤ 歯切れのよい短文の連続によって、事物を微細にスケッチし、人物の内面までを正確に描き尽くした、写実的であると同時にリズム感のある表現である。

□

問5　Lさんは、本文の表現について理解を深めるために他の文章を読み、これをもとにクラスの生徒たちと話し合いをした。次の【資料】はLさんが読んだ文章であり、【対話】は生徒たちの話し合いの一部である。これらについて、後の(i)・(ii)の問いに答えよ。

【資料】

小説のなかの会話の場面で、問いのせりふに対する、「……」とか、ときには「……?」というような答え（あるいは答えないこと）は、めずらしくない。

何か存在するものの絵を描くことはできるが、何も存在しないことを写生するのはむずかしかろう。誰もいないことを写真に撮影するためには、たぶん、《誰もいないこと》を成立させてくれる背景、たとえばちらかされたホテルの一室とか、はてしない砂漠などが存在することをうつしてみなければならないのだろう。「……」も、いくらかそれに似て、それだけで沈黙を語りうるはずはなく、前後のことばを必要とする。存在のなかの空白として、つまり中断というかたちでしか「……」は意味をもたない。（中略）

言いたいのだけれど何と言えばいいのかわからない、という焦燥、その満たされぬ願望が、黙説の「……」となる。

（佐藤信夫《さとうのぶお》『レトリック認識』による）

【対話】

Lさん――【資料】で取り上げられている「黙説」は、主に文章や発言を途中で中断して、後は言わないでおくというレトリック、表現技法のことですが、ここでは小説の会話の場面での「……」という表現についても取り上げられています。本文の二本目の波線部と傍線部ⓒの間にも「………」という表現が二回登場するので、これについて考える参考になるのではないかと思います。

Mさん――忠夫の言葉に対する祖父の沈黙が「………」と表現されているんですね。これは例えば「祖父は答えなかった。」とか、「祖父は何も言わなかった。」といった書き方もできるところだと思うんですが、こうした書き方ではなく「………」と書いたことには、どのような効果があるんでしょうか。

Nさん――【資料】を踏まえて考えてみると、「………」と書いた方が、 X ということなんじゃないかと思います。

Mさん――たしかにそうですね。

Lさん――「………」の箇所の前の部分で、忠夫は「ばあちゃん」の死と「うさぎ」の死について祖父と会話を交わし、二箇所ある「………」の前後でも、「うさぎ」の死と「ばあちゃん」の死について祖父に言葉をかけています。「………」は、そうした忠夫の言葉に対する祖父の沈黙を表しているのですが、この「沈黙」はどのような意味を持っているのでしょうか。

Mさん――ここでも【資料】を踏まえれば、祖父にとって忠夫の言葉は、 Y のではないかと思います。

Nさん――なるほど。「………」という表現について考えることで、作品の読みが深まったような気がしますね。

(i) 空欄 X に入るものとして最も適当なものを、次の①～④のうちから一つ選べ。

① 小説における会話の場面で、「………」という記号が用いられることはめずらしくないことを示せる
② 単に何も言わなかったと指摘するだけでなく、祖父と忠夫の間に流れた沈黙の時を実感させる
③ 祖父が何も言わなかったこと自体ではなく、その前後の忠夫の言葉にこそ意味があることを際立たせる

④ 忠夫の子供らしい感想や問いかけに対して、祖父が何も言わず何も答えなかったことを示す

(ii) 空欄 Y に入るものとして最も適当なものを、次の①～④のうちから一つ選べ。

① 身近な人の死をまだ経験したことのない子供の発した、取るに足らないものだと感じられたんじゃないでしょうか。ですから、祖父にとってはまともに相手にする必要などないものだと思えて、何の応答もせず受け流している

② うさぎの死についても祖母の死についても、祖父の口にした言葉を自分なりに捉え直したものとして受けとめられたんじゃないでしょうか。そのため、まだ子供だと思っていた忠夫が意外なほどに成長していることを知らされ、虚を突かれたように言葉を失っている

③ 祖母の死んだ日に殺生をしたことを責めた伯母の言葉と同じように聞こえるものだったんじゃないでしょうか。ただ、そうした意図などない子供の無邪気な言葉であるだけに強く心に響いて、さまざまな思いが渦巻き、言葉に詰まっている

④ 動物の死と人間の死の違いもわきまえない子供がいたずらに感傷的になっているだけの言葉だと思えたんじゃないでしょうか。とはいえ、その両者の命の重みの違いをどのように諭せばよいか祖父自身にも見当がつかず、何と言っていいかわからずにいる

『子規からの手紙』

如月《きさらぎ》小春《こはる》

予想問題
解答▼別冊40ページ

◆次の文章は、如月小春『子規からの手紙』（一九九三年発表）の一節である。シナリオライターである「私」は、テレビ番組の制作会社に勤める「M君」から、「シキ」（正岡子規）がロンドン留学中の夏目漱石《そうせき》へあてた手紙をもとにシナリオを書いてほしいと依頼された。そこで「私」は「M君」の案内で東京の根岸《ねぎし》にある子規庵《あん》（子規の居宅を再建したもの）を訪ねることになった。これを読んで、後の問い（**問1〜5**）に答えよ。なお、設問の都合で本文の上に行数を付してある。

「すいません、すいません」

M君は家の奥に向かって声をかけた。ガラス戸がぴっちりしまって、その中には白いカーテンがひかれている。

「おかしいな。さっきまであいていたのに。ちょっと見て来ます」

M君が来た道をまた玄関の方へ戻ってゆく。私は一人残されて、秋の、枯れた庭の、ススキだけが隣家の屋根越しの朝の光を受けて輝くあたりを歩いた。不思議な感じがした。振り仰げば、葉をおとした枝の鋭角的なラインに切り取られた空、その空にラブホテルの看板の踊るようなアルファベットが浮かんでいる。……なのにブロック塀にかこまれたこの庭だけは、そこだけが独立した小宇宙のように草木が密生し、さわさわと揺れている。ここだけ、時が止まっているのだ。いつの頃からか、止まっているのだ。周囲の風景が激しく移り変わる時節にも、ここではそんなあわただしさとは無縁の、植物たちのささやかな生の営みが淡々と繰り返されていたのだろう。そしていつの頃からか、ここだけは、その外側に広がる巨大な都市に流れているのとは別の時間に属し、小さな宇宙のように独自に息づくこととなった。こんな場所があるのだ、まだ、あるのだ。Aふいに、草木の葉の一つ一つ、細い枝の一本一本を撫《な》でたい衝動にかられた。

家は横に長く二間が続き、その右手に新しく継ぎ足したように二階家が建っている。そこからL字に折れて、少し離れたところに白い土蔵。塗り直されてはいるが、出来たのはだいぶ前のものであることが、下端の石組《いしぐみ》の土中にめり込むような風情から感じられる。二間の内、むかって右側の方には狭い濡縁《ぬれえん》(注1)がついており、その前には木の棚がしつらえられていて、ひょろりひょろりと枯れたへちまがぶら下がっている。

ああ、ここが、と思う。あの写真。縁側で横座りになったシキの。あの場所だ。

シャシャッと音がしてカーテンがあいた。えんじの毛のショールをはおった小柄な中年の女性が、ねじをまわし、ガラガラとガラス戸を押しやる。その横にM君。

「どうぞ、こちらからお上がり下さい」

膝をつき、丁寧にお辞儀をされる。うながされて、靴を脱ぎ、磨き込まれた木の廊下にあがる。足裏がひんやりとする。

「あとは勝手にやりますから」

M君が言う。女の人は軽く会釈して、すっと障子の向こうに消えた。

「あの人は週に何度か来て、ここの管理をしているんです。ここはね、一度戦災にあって、土蔵以外は全部焼けているんです。それをある人が、かつてと同じように建て直し、庭までも再現して。だから、建物は昭和のつくりなんですけどね、実は」

濡縁のガラス障子をあけると、畳敷きの六畳間である。

　（注2）病牀《びょうしょう》六尺、これが我《わが》世界である。しかもこの六尺の病牀が余には広過ぎるのである。

狭いと思ったのは、天井が低いせいか。畳には並んで立っているM君と私の影が、黒々とのびている。よほど日の射《さ》し込むつくりなのだろう。

「寝てみませんか」

とM君が言った。

「頭はこっち、そして窓の方を向く」

横たわると畳がみしみしと鳴った。妙な具合である。他人が死の床とした同じ場所で同じ姿勢に横たわるのは。

　わずかに手を延ばして畳に触れる事はあるが、布団の外へまで足を延ばして体をくつろぐ事も出来ない。

　六年も横たわったままで生き続けるというのは、どんな感覚なのだろう。手を伸ばしてみる。畳のつるつるした目を指先でこすってみる。天井が遠い。ふすまが遠い。次の間などは別の世界である。（注3）言問《こととい》通りも駅も満員電車も、はるかかなたの、二度とは目にすること、触れることもない、封印された記憶に変わる。虫ピンでとめられた昆虫のように、羽はもはや羽でなく、世界の広がりを、その風に逆らって飛ぶ感覚の高揚と緊迫によって確かめることも出来ない。自然に目はガラス障子の向こう側、庭の方へと吸い寄せられてゆく。庭、朝の光を受けてさわさわと輝く生命の群生。一枚一枚の葉の微細な形状の異なり。光を受ける側と影となる側の色合いの差。しなだれ、重なりあい、またほどけるさま。葉影がガラスにつくりだす絵面《えづら》。細部から、更に細部へ。――このように見たのだろうか、あの激痛の中で死につつあった人は。このように、毎日、毎日、輝く庭を。雪の日、春の嵐の日、雨の続く夏、花々の、枯れ枝の、葉虫たちの、小宇宙を――。

息苦しくなった。目を閉じた。すると、音だ。水を流す音、パタパタと駆け出し、あれは子供の呼ぶ声。ドアを閉める。女たちの話し声。テレビが笑っている。クラクション。鳥。犬。右翼の街宣車が。歌。また水の音。それらの底に、通奏低音のようにブォーンと低く分厚い音のかたまりがある。この街の、ありとあらゆる生産と破壊、人と機械の、あてどもない生活が、風の中で鳴っている。この私が虫ピンでとめ置かれた場所と、そこはつながっているのだ。そこにも同じ大地の上、風の中、見ることはかなわないが、確かにそれらはあり、あることを音として伝えてくる。そこにも生命がある、あるのだろう。動き、変化し、新たな産業が生まれ、思いもかけないような発見が世界の形を変え、人々が走り、抱き合い、殺し合い、ひれ伏し、仰ぎ見ては祈る。そんな場所が、この先に。

(注4)若《も》シ書ケルナラ僕ノ目ノ明イテル内ニ今一便ヨコシテクレヌカ。

見えない、けれど、確かにあるものたちの気配。泡立ち、沸騰しているのか、それとも澱《よど》み、朽ち果てているのか、想像だけが肥大して、脳が膨張する。体験を拒絶されると拒絶の強度に応じて、憧れが強まるのか、そうして脳を膨らませるだけ膨らませて彼は死んでいったのか。

電車が。

目をあけると、枯木《かれき》の間、ブロック塀の上のわずかな間隙を、山手線が走り抜ける、のが見えた。二、三秒。遠い遠い世界の出来事のように。シキは、きっと乗りたかったに違いない。幾十年、幾百年も生きて、満員電車の人いきれの中で、**C**ゴロゴロと肉や野菜のように揺られてみたかったに違いない。

起き上がる。

あれほど遠く巨大だった世界がするすると縮み、輝く小宇宙だった場所は、ただの枯れて雑然とした庭になった。

「行きましょうか」

M君が言った。

あ、猫。

「え？」

黒い、全身黒い毛でおおわれた猫が、土蔵の陰からこちらをうかがっている。金の目の。右の前足を踏みだしたままの格好で。だがすぐに、すっと身を引き。靴をはいて追っていったM君は、見つけることが出来なかった。

（注）1　濡縁――雨戸の外側に張り出した縁側。

2　病牀六尺、……――正岡子規『病牀六尺』の一節（後の「わずかに手を延ばして……」も同じ。問5の【資料Ⅰ】も参照のこと）。『病牀六尺』は明治三十五年五月五日から死の直前の九月十七日まで書き続けられた。「病牀」は「病床」と同じ。「六尺」は約一・八メートル。

3　言問通り――子規庵の近くを通る道路。

4　若シ書ケルナラ……――子規が留学中の漱石へあてた手紙の一節。手紙は明治三十四年十一月六日に書かれた。

問1　傍線部A「ふいに、草木の葉の一つ一つ、細い枝の一本一本を撫でたい衝動にかられた。」とあるが、「私」がそのように思ったのはなぜか。その説明として最も適当なものを、次の①～⑤のうちから一つ選べ。

〔センター試験（国語Ⅰ 本試験）改〕

① あわただしい都市の一角で淡々と繰り返されてきた植物たちの生の営みに、都会暮らしで「私」が見失ったつつましやかな命の鼓動を見いだしたようで、いとおしく思われたから。

② あわただしさを感じさせない植物たちのひそやかな生の営みが、今後も続く「私」の都会暮らしの毎日をしっかり支えてくれるようで、頼もしく思われたから。

③ あわただしい生活とは無縁な植物たちの生の営みが、都会で生きてきた「私」に反省をうながし緑ゆたかな田舎のよさに気づかせてくれたようで、ありがたく思われたから。

④ あわただしい毎日からかけ離れた植物たちの生の営みが、不満を抱きながらも都会暮らしを捨てきれない「私」を哀れんでいるようで、やるせなく思われたから。

⑤ あわただしい都会の生活とはかかわりのない植物たちの生の営みに、孤独を感じながら都会で生きてきた「私」のさびしい境遇を重ね見たようで、たえがたく思われたから。

□

問2　傍線部B「そこにも生命がある、あるのだろう。」とあるが、このように表現した「私」の気持ちを説明したものとして最も適当なものを、次の①～⑤のうちから一つ選べ。

〔センター試験（国語Ⅰ　本試験）改〕

① 目を閉じると聞こえてくる様々な音に、外への思いをかき立てられるのだが、外の世界の存在を認めてしまうと、広いと感じられるまでになった「六尺の病牀」が単調なもとの世界に戻ってしまうのではないかと恐れている。

② 目を閉じると聞こえてくる様々な音は、たえまなく繰り返される生命の営みを感じとらせ、身を横たえたままの者には十分に確認できないものの、活発にうごめき変化する外の世界が確かにあると信じようとしている。

③ 目を閉じると聞こえてくる様々な音に、外の世界の存在は確かに感じとれるものの、畳の上に一人で横たわる者にとって外の世界を思い描くことは刺激が強すぎるので、なるべくほかのことを考えて気を紛らそうとしている。

④ 目を閉じると聞こえてくる様々な音は、外の世界に生命の営みがあることを感じとらせるのだが、人々がいがみ合い、殺し合うことを考えると、そこにも生命の営みがあると軽々しく言い切ることはできないと思い直している。

⑤ 目を閉じると聞こえてくる様々な音に、「六尺の病牀」の外にも生命の営みがあることを気づかされたのだが、想像でとらえるしかない外の世界より、与えられた目の前の世界の方がより現実感のあるものと感じられている。

問3　傍線部C「ゴロゴロと肉や野菜のように揺られてみたかったに違いない」とあるが、ここで「私」は「シキ」の気持ちをどのように考えているのか。その説明として最も適当なものを、次の①～⑤のうちから一つ選べ。

① シキには、たとえ病気が治らず、自分の体が自由に身動きできないとしても、生き生きとした心を保つことで、やがてやってくる死に抵抗してみたいという気概もあっただろう、と考えている。

② シキには、外界の生の営みを実感するために昆虫が風に逆らって飛ぶような努力をする必要があるとはいえ、自由のきかない体でも戸外に出て活動してみたいという痛切な思いもあっただろう、と考えている。

③ シキには、外界への憧れが強まってほかのことが考えられなくなり、買い物に行くといった日常的な行為をすることで、ふたたび精神の平衡を取り戻そうと試みるようなこともあっただろう、と考えている。

④ シキには、破壊と生産が同時におこなわれる外界にあっては、自分を命の通わないものと考えて、されるがままに生きることで、ひそかに自分を守りとおしてみたいという考えもあっただろう、と考えている。

⑤ シキには、じっとして目や耳だけを働かせるのではなく、人ごみにもまれながらほかの人々と同じように、ごく普通の生活を自分の体全体で味わってみたいと思うときもあっただろう、と考えている。

問４　本文の表現に関する説明として**適当でないもの**を、次の①～⑤のうちから一つ選べ。

① 11行目「こんな場所があるのだ、まだ、あるのだ。」は、自らの思いを確かめるように同じ言葉を繰り返す表現によって、子規庵のたたずまいを目にして驚き胸を打たれている「私」の気持ちを印象づけるものとなっている。

② 46行目「このように見たのだろうか、あの激痛の中で死につつあった人は。」は、倒置法を用いることによって、自らの身体感覚から「シキ」の内面を想像し感じとろうとしている「私」の心の動きを表現したものとなっている。

③ 49行目「水を流す音、」から50行目「また水の音。」までの表現は、断片的な言葉や文を連ねることによって、聴覚だけで世界を受容している「私」の意識の流れを読む者に追体験させる効果を上げている。

④ 60行目「そうして脳を膨らませるだけ膨らませて彼は死んでいった」は、病のために体が動かせなくなり、外の世界に対する知識ばかりが増えて観念的になっていった晩年の「シキ」のありようを比喩的に表現したものである。

⑤ 71行目「あ、猫。」から本文末「見つけることが出来なかった。」までの表現における「猫」は、想念の世界から現実に戻った「私」の心に、消えた「シキ」の世界がなおも印象深く余韻を残していることを象徴するものとなっている。

問5　次の【資料Ⅰ】は本文の中で引用されている正岡子規『病牀六尺』の冒頭部分である。また、【資料Ⅱ】は『子規からの手紙』の本文より後の部分の一節で、「私」が書いたシナリオの一部分である。これらを読んで、後の問いに答えよ。

【資料Ⅰ】

○病牀六尺、これが我世界である。しかも此《この》六尺の病牀が余には広過ぎるのである。僅《わずか》に手を延ばして畳に触れる事はあるが、布団《ふとん》の外へ迄《まで》足を延ばして体をくつろぐ事も出来ない。甚《はなは》だしい時は極端の苦痛に苦しめられて五分《ごぶ》も一寸も体の動けない事がある。苦痛、煩悶《はんもん》、号泣、麻痺《まひ》剤、僅に一条の活路を死路の内に求めて少しの安楽を貪る果敢《はか》なさ、其《それ》でも生きて居《い》ればいいたい事はいいたいもので、毎日見るものは新聞雑誌に限って居れど、其さえ読めないで苦しんで居る時も多いが、読めば腹の立つ事、癪《しゃく》にさわる事、たまには何となく嬉《うれ》しくて為《ため》に病苦を忘るる様な事が無いでもない。年が年中、しかも六年の間世間も知らずに寐《ね》て居た病人の感じは先《ま》ずこんなものです（後略）

【資料Ⅱ】

青年　少しあけますか、障子。

シキ　いや、いい。このままがいい。このままの方が、何故《なぜ》だか物がよく見えるんだ。――小さいものに目がゆくんだよ。小さいもの、例えば、そら、その松葉牡丹《ぼたん》の鉢のところに、露が少したまっているだろう。あの一滴の水の中にも、目に見えないような小さな生き物が数えきれないほどいるんだっていうじゃないか。そんな小さな生き物にとっちゃ、一滴の水が、全宇宙みたいなもんだ。そこには銀河もあれば、地平線もある。日が昇ったり沈んだりするかもしれない。いいかね、小さいからといって、それだけでしまいなわけじゃないんだよ。

一滴の水、一枚の花びら、一音の琴の音、葉がまさに落ちようとする一瞬、そんな小さな小さな名もなき物や出来事の中に、天地万物のなりわいの秘密がかくされているんだ。こうしていると、そのことがよくわかる。

僕はね、元気で歩いたりなんぞしていた若い頃はね、大きなことをやりたい、大きな思想を掲げたいと、そんな風に思ったりもしていたがね、今となっては、出来るのは、もう小さな小さなことばかり。けれどね、小さいものの中にも宇宙はある。ほら、そこにある。僕はいわば、ちっぽけな詩人だよ。ちっぽけな詩人には、小さなものがよく見える。そして、見えたものを小さな小さな詩につくる。十七文字の。だが、そこには天地万物の生命のさまが入っているんだ。

次に掲げるのは、本文および【資料Ⅰ】【資料Ⅱ】を読んだ六人の生徒が交わした会話である。六人の生徒の発言のうち、本文および【資料Ⅰ】【資料Ⅱ】の内容をもとにした考えとして、明らかに**適当でないもの**を、次の①～⑥のうちから二つ選べ。ただし、解答の順序は問わない。

① 生徒A――本文の波線部の「六尺の病牀が余には広過ぎる」っていうのは、普通なら狭いと感じられるような空間でも自分には広すぎるという言い方で、部屋の中ですら歩き回れない病の身の感慨を表したものだよね。最初はその部屋を「狭い」と感じた「私」も、シキと同じように横になってみることで、彼の気持ちを実感したんだよね。

② 生徒B――でも、シキは自室から動けないような日々の中で、庭を眺めたり、街中の様子を想像したりして、自分の意識を外の世界へと向けていったんでしょう。狭い部屋の中でも、人間は自らの想像力を働かせて、広大な宇宙にさえ届かせることができる。「六尺の病牀が余には広過ぎる」っていうのは、そういう意味なんじゃないのかな。

③ 生徒C――シキは、自分が実際に見ることのできる世界が狭くなってしまったことで、かえって庭の植物の葉や花、そこに宿る一滴の水といったものを、それまで以上に微細に観察するようになったんだと思う。それで、そうした小さなものの中にも、宇宙の秘密に通ずるものが凝縮されているように感じたんだよね。

④ 生徒D――俳句も、十七文字という字数の中に、深くて広い世界を詠み込むことのできるものだよね。国語の授業で、正岡子規は俳句や短歌を作る際の姿勢として、ものや情景を凝視してありのままに描き出す「写生」を唱えた人だと教わったけど、Cさんが指摘したことには、子規のそうした考え方が反映しているような

気もするね。

⑤　生徒E――もちろん、**【資料Ⅱ】**は、「私」が書いたシナリオの中の登場人物のやりとりだから、そのせりふの内容は、子規についてのさまざまな資料をもとに創造されたものなのであって、子規本人の考えたことだとは必ずしも言えないよね。「子規」ではなく「シキ」と表記しているのは、そのためだとも考えられるね。

⑥　生徒F――本文の44行目から46行目までシキの内心のつぶやきとして書かれていたことが、**【資料Ⅱ】**ではシキが「青年」に語りかけるせりふとして書かれているけど、話し言葉になっているぶん、本文よりも**【資料Ⅱ】**のほうがわかりやすいよね。小説をシナリオに書き換えるのは、こんなふうに、受け手に対してより伝わりやすい表現にするためなんだね。

「むかで」「赤蛙《あかがえる》」

島木《しまき》健作《けんさく》

予想問題
解答▼別冊46ページ

◆次の【文章Ⅰ】【文章Ⅱ】は、同じ作者によって書かれたものである（いずれも一九四六年発表）。これらを読んで、後の問い（問1〜6）に答えよ。なお、設問の都合で本文の上に行数を付してある。

【文章Ⅰ】

［病気（結核）のために自宅で療養中の「私」は、ある夜、寝ている枕元の洗面器のなかに「百足《むかで》」（毒をもった小さな節足動物）が落ち込んでいるのに気づく。］

洗面器のなかに落ち込んでいるのはかなぶんぶん(注1)どころか、百足の、しかもずいぶん大きな奴《やつ》であった。私は大声で隣室の妻を呼んだ。妻は声でそれと察して起き上《あが》るなり叩《たた》く物を持ってやって来た。「どこですか?」百足は速いから一刻を争うのである。妻は外へ這《は》い出した瞬間を打とうときめたらしい。私もそのつもりで気をつけて見ていた。と、私達は奇妙な発見をした。百足はその長い二本の触角を真直《まっす》ぐに伸ばして、狭い洗面器のなかをしきりにぐるぐる廻《まわ》っているのだが、なかなか外へ出ようとはしない、――いや、出られぬのである。

「意気地のない奴だなあ。」と私は笑いだした。そしてAいくらか安心した余裕をもってなおしばらく観察することにした。

洗面器はどこにでもある瀬戸引《せとびき》(注2)のものである。底辺をぐるぐる廻っている百足は、やがて頭をきゅっと持ち上げると、上の縁を目がけて山を登りはじめる。頭が上の縁までもうじきに届く、という所までは彼は登ることが出来る。しかしその時百足の胴体の半分以下は、山の丸みと勾配のために、半ば地から浮き上った形になって、無数の足は踏み場なく、ただ空《むな》しく忙《せわ》しげに動いているばかりである。足が多いだけに却《かえ》ってそれは徒労の感を深めて(ア)笑止だった。百足は折角《せっかく》取りついたところから一歩も引くまいとしてしがみついているが、やがて力尽きて、するすると辷《すべ》り落ちる。それを何度も繰り返している。何しろあのつるつるした瀬戸引は百足の足にはひどく都合のわるいものらしい。底を這いまわる時にもなんとなく(イ)よそよそしている。

二人はもう十回程もそれを繰り返すのを見ていた。妻は洗面器のなかで退治(注3)るしかないと思ったのだろう、叩くよりはつぶす武器を持って来た。

B「そのままにしておけよ。」と私は言った。「明日の朝まで。」

「逃げたらどうします?」

「逃げられたら逃がしてやろう。明日の朝までそのままにしておいて、逃げられたらそれでよし、逃げられないようなら、運のない奴だから殺してしまおう。」

それで、そのカサカサという音が睡眠の妨げにならぬ場所まで洗面器は持って行かれた。

翌朝起きるとすぐ私は聞いた。

「百足はどうしたい?」

「ええ、あのまんまです。」

「いよいよ運のない奴ときまったかな。」

私は洗面器を持って来させた。百足は少し弱っているようだった。身のこなしものろくさえ見えたし、もう昨夜程さえも山を登ることができぬところを見ると、明らかに弱りだしているのだった。

「昼までのばしてやれ。」

私はそういった。百足が落ち込んだのは全く偶然の不幸だということが私の頭にあった。選《よ》りに選って間のわるい所へ落ち込んだもので、それは百足自身の知ったことではない。彼自身の全能力を発揮して敏速に行動できる当り前の場所で叩き殺されるのは、戦いであって、打つ方も打たれる方もさっぱりするだろう。彼自身の不注意とさえもいえぬ不幸なのだから、なるべくは、助けてやりたかった。しかしそれはこっちが手を添えてやるというのではなしに、彼自身の力でその窮境から脱出するのを黙認するということで、助けたかった。「よし、とうとう助かったな。今度は堂々とやって来いよ。」といってやれるように。

昼まで待った。同じことだった。弱りは一層目に見えて来た。元気な時でさえ脱出できぬものがこうなってはもう望みはない。しかし私は尚《なお》のばした。

助けてやりたい気と、同情とは別だった。同情は全然起《おこ》らなかった。百足が害をする奴だ、ということとは全然無関係に。「なんという不自由なものだろう！」そう思うと、何かいまいましいような腹立たしさを感じた。あんなに剽悍《ひょうかん》(注4)な奴が住み慣れた自然界を出て人工の世界に一歩足を踏み外すと、こんなちょっとしたことでもう身動きがとれなくなっている。

私はまた偶然の不幸に落ち込んだ人間に対すると似た気持《きもち》も感じた。知人のなかなどによく、夜片足を溝泥《どぶどろ》のなかに突っ込んだような不幸をなんということなしに次々に重ねている者がある。人間の場合は無論複雑だ。しかしそういう人間に対すると、やはり一種の苛立《いらだ》ちを感ずる。助けたくは思う。しかし素直に同情が起らない。この素直に同情が起らぬところが似ているのだ。

夕方になると百足のあの強靭《きょうじん》な触角までがげんなりして来た。気力尽きた感じだが、二年前に修善寺《しゅぜんじ》(注5)で、急流を渡ろうとして失敗に失敗を重ねてやはり気力尽きた赤蛙を見たことがあったが、それとこれとは雲泥の差というよりは、何の共通点もなかった。赤蛙には敗れたもの、滅ぶるものの美しさがあったが、百足にはみじめな醜さがあるばかりだった。D赤蛙には内からの意志があったのである。

私は妻を呼んで百足を殺させた。妻は洗面器を庭に持ち出し、百足を地上に放ってから殺した。死ぬ前にもう一度土の上を這わしてやりたいというような気が妻にあったかどうか。E地の気を吸った瞬間、百足はあッというほど元気を取り戻し、全然本来の面目を取り戻し、妻を狼狽《ろうばい》させたという。それを聞いて私は心を打たれた。可哀相《かわいそう》なことをしたという気がはじめてしたが、後の祭りだった。

(島木健作「むかで」による)

(注) 1 かなぶんぶん――カナブン。コガネムシ科の甲虫。
2 瀬戸引――鉄製の道具の表面をほうろう質(ガラス質のうわぐすり)で覆ったもの。
3 退治る――退治する、の意。
4 剽悍――動作がすばやく、性質が荒々しく強いこと。
5 修善寺――静岡県にある温泉地。

【文章Ⅱ】

赤蛙は向《むこ》う岸に渡りたがっている。しかし赤蛙はそのために何もわざわざ今渡ろうとしているその流れをえらぶ必要はないのだ。下が一枚板のような岩になっているために速い流れをなしている所が全部ではない。急流のすぐ上に続くところは、澱《よど》んだゆっくりとした流れになっている。流れは一時そこで足を止め、深く水を湛《たた》え、次の浅瀬の急流にそなえてでもいるような所なのである。その小さな淵《ふち》の上には、柳のかなりな大木が枝さえ垂らしているという、赤蛙にとっては誂《あつら》え向きの風景なのだ。なぜあの淵を渡ろうとはせぬのだろう?

私がそんなことを考えている間にも、赤蛙は又も失敗して戻って来た。（中略）

次第に私は不思議な思いにとらわれはじめていた。赤蛙は何もかにも知ってやっているのだとしか思えない。そこには執念深くさえもある意志が働いているのだとしか思えない。微妙な生活本能をそなえたこの小動物が、どこを渡れば容易であるか、あの小さな淵がそれであることなどを知らぬわけはない。赤蛙はある目的をもって、意志をもって、敢《あえ》て困難に突入しているのだとしか思えない。彼にとって力に余るものに挑み、戦ってこれを征服しようとしているのだとしか思えない。私はあの小さな淵の底には、その上を泳ぎ渡る赤蛙を一呑《の》みにするような何かが住んでいるのかも知れない、あるいはまたあの柳の大木の陰には、上から一呑みにするような蛇の類《たぐい》がひそんでいるのかも知れない、というようなことも考えてみた。しかしその時の私にはそんなことを抜きにしてさきのように考えることの方が自然だった。その方が自分のその時の気持にぴったりとした。

赤蛙は依然として同じことを繰り返している。はじめのうちは「これで六回、これで七回」などと面白がって数えていた私は、そのうち数えることもやめてしまった。川の面の日射《ひざ》しがかげり出す頃からは赤蛙の行動は何か必死な様相をさえも帯びて来た。再び取りかかる前の小休止の時間も段々短かくなって行くようだった。一度はもうちょっとの所で向う岸に取りつくかと見えたが、やはり流された。それが精魂を傾け尽《つく》した最後だったかも知れない。それからは目に見えて力なく脆《もろ》く押し流されてしまうように見えた。坂を下る車の調子で力が尽きて行くように見えた。

（島木健作「赤蛙」による）

問1　傍線部(ア)・(イ)の本文中における意味として最も適当なものを、次の各群の①～⑤のうちから、それぞれ一つずつ選べ。

(ア)　笑止だった
① あきれてしまった
② おどろいた
③ おかしかった
④ 気はずかしかった
⑤ 笑うことができなかった

(イ)　よそよそしている
① いらいらしている
② 周囲に気を配っている
③ 機会をうかがっている
④ しっくりしない様子である
⑤ 不安そうにしている

(ア)	(イ)

問2　傍線部A「いくらか安心した余裕をもって」とあるが、「安心した余裕」はどうして生じたのか。その説明として最も適当なものを、次の①～⑤のうちから一つ選べ。

①　外へ這い出した瞬間に百足を打とうと妻が身構えていたから。
②　百足が長い二本の触角を伸ばして洗面器のなかを回っているのを発見したから。
③　百足が洗面器からすぐには逃げ出せそうもないと判断したから。
④　意気地のない百足は外へ出る意志を持ち合わせていないと気づいたから。
⑤　百足の様子をもうしばらく観察しようと思ったから。

問3　傍線部B「『そのままにしておけよ。』と私は言った。」・傍線部C「しかし私は尚のばした。」とあるが、それぞれの理由の説明として最も適当なものを、次の①～⑥のうちから一つずつ選べ。

①　もはや逃げる望みのない状態になっており、放っておいてもやがて死ぬだろうと思ったから。
②　目に見えて弱っているさまに憐《あわ》れみの心がわきおこり、殺してしまう決心がつかなかったから。
③　自分の力で運命に立ち向かい乗り越える姿を見せてほしい、という願いを捨てきれなかったから。
④　偶然の不幸に落ち込んだ存在に対しては、偶然の幸運もまたもたらされるはずだと信じたかったから。

⑤ 逃れようのない状況にまで追いつめたので、結果を急ぐ必要はないと考えたから。
⑥ 自分たちの側に一方的に有利な状況で殺すのは、公平さに欠ける気がしたから。

B
C

問4 【文章Ⅰ】の46行目「二年前に修善寺で、急流を渡ろうとして失敗に失敗を重ねてやはり気力尽きた赤蛙を見たことがあった」は、【文章Ⅱ】に描かれた経験について述べたものだと考えることができる。【文章Ⅰ】の傍線部D「赤蛙には内からの意志があった」について、「私」がそのように感じたのはなぜか。【文章Ⅱ】の内容を踏まえて考え、その説明として最も適当なものを、次の①～⑤のうちから一つ選べ。

① 天敵に自らの命を脅かされても恐れることなく、自らの意志を貫こうとしているのだと思えたから。
② 楽に渡れるところがあるのに、あえて渡るのが困難な場所に挑戦していると思えたから。
③ 厳しい生活環境にめげることなく、生きのびるために必死の努力をしていると思えたから。
④ 強い力も大きな体も持たない身でありながら、たくましく生きのびてきたのだと思えたから。
⑤ 自らに備わった生活本能にしたがって、自然と戦い征服しようとしているように思えたから。

問5　傍線部**E**「それを聞いて私は心を打たれた。」とあるが、ここでの「私」の思いを説明したものとして**適当でないものを**、次の①～⑤のうちから一つ選べ。

① 気力尽きたように見えていた百足に生への意志が残っていたことに、驚きと感動を覚えている。
② 生き物が自然界を離れて生きることの困難さを、改めて知らされたような気がしている。
③ 病気と闘う身として、百足が最後に見せた生きる力に感慨を覚えている。
④ 死ぬ前にもう一度土の上を這わしてやろうという妻の思いが、百足をよみがえらせたことに心打たれている。
⑤ 住み慣れない人工の世界に落ち込んだ百足を赤蛙と比べ、醜いと決めつけたことを申し訳なく思っている。

□

問6 次の【X群】のa・bは、【文章Ⅰ】【文章Ⅱ】のある箇所の表現について評したものである。どの箇所の表現に関する評だと考えられるか。最も適当なものを、後の【Y群】の①～⑥のうちからそれぞれ一つずつ選べ。

【X群】

a 否定表現を多用することにより、かえって自らのうちに生じた考えを強く肯定し、確信する思いを伝える表現となっている。

b 比喩表現や現在形止めを用いて、同じように繰り返される情景を読む者の眼前に浮かび上がらせるように描こうとしている。

【Y群】

① 【文章Ⅰ】の9行目「底辺をぐるぐる」～15行目「よそよそしている。」

② 【文章Ⅰ】の26行目「『いよいよ運のない奴と』」～28行目「いるのだった。」

③ 【文章Ⅰ】の42行目「知人のなかなどに」～45行目「似ているのだ。」

④ 【文章Ⅱ】の3行目「流れは一時」～5行目「せぬのだろう?」

⑤ 【文章Ⅱ】の7行目「赤蛙は何もかにも」～11行目「としか思えない。」

⑥ 【文章Ⅱ】の15行目「赤蛙は依然として」～19行目「しまうように見えた。」

a	b

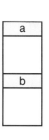

資料型総合問題編

特徴と解法　資料型総合問題

出題の特徴

◆**共通テスト第3問は、複数の資料（通常の文章、図・図像、グラフや表などのデータなど）**の組合せによる問題である。また、**〈生徒の学習の場面〉を想定し、資料を用いて生徒がレポートや文章を書く、議論する、レポートや発表の構想メモなどを作る、といった形式での出題**となる可能性が高い。設問は大別すれば、**ⓐ個々の資料の読み取り　ⓑ複数の資料を関連させて考えを導き出す比較・統合・応用的思考を問う設問　ⓒ生徒の作成した文章・メモなどの推敲《すいこう》**の三種類である。

◇ⓐ個々の資料の読み取りについては、文章であれば論理的文章編の◇**基本的な読解・解答の手順1**の箇所で述べたような読解のポイントを意識して読んでいくことになる。また、図表（グラフ等）については、地理歴史・公民や数学などで学んだ力を応用しつつ、ふだんからその種の資料などに多く接しておきたい。

◇ⓑ複数の資料を組み合わせて考えを導き出す総合的・応用的思考を問う設問は、論理的文章編の◇**基本的な読解・解答の手順2・3**で述べたことを応用する。この問題集を通じて基本的な考え方を知り、問題演習を通して身につけていこう。

◇ⓒ生徒の作成した文章・メモなどの推敲を行う設問は、きわめて多様な出題がなされうるので、各問題で与えられた（生徒作成の）文章等と設問要求に即して考えていくことになる。この問題集をはじめ、同タイプの設問に触れる演習の機会を多く持つことが必要である。

◆**問題全体のテーマ・話題**として、社会問題や理系の分野に近い内容など、**通常の国語ではあまり出題されないタイプのもの**が出題される可能性がある。この点でも、他教科で学んだ知識や、新聞・ニュースなどで得た知見などを広く利用して取り組んでいく姿勢を持ちたい。

解法

◇第3問資料型総合問題では、〈設問要求に従い文章・資料から必要な情報を探す〉〈複数の文章・資料の情報を比較したり対応関係を考える／それらを統合して考えを導き出す〉〈文章・資料の内容をもとに論理的推論や類推などの応用的・発展的思考を展開する〉〈生徒の書いた文章・メモなどについて、推敲を行う（内容上の適否や改善点などを考える）〉といった設問が出題される。総じて、第1問・第2問と比べ、文章・資料を深く読み込むというよりは、〈設問文（あるいは選択肢）を見て〝何が問われているか〟をつかみ→文章・資料の中からそれに対応する情報を見つけ→適否を判断する〉という作業を求める側面が強い。実際の試験では、限られた制限時間の中で、多くの文章・資料の中から必要な情報と不要な情報を見分け、設問要求に対する適否を判断することが求められる。基本的な読解・解答の手順は次のようになる。

1 〈リード文（前書き）〉を読み、全体を見渡す。

＊リード文から〈設定〉を把握し、全体を見渡して、資料の種類・量と概要をつかむ。

2 文章・資料の内容を把握する。

＊メインの資料（多くの場合、中心的な話題について述べた何らかの文章）の内容をざっと（大筋で）つかむ。サブの資料については、〈メインの資料とどう関連するものか〉〈話題・内容は大体どのようなものか〉をおさえておき、後で設問を解く際に、必要な情報を取り出せるようにしておく。

3 設問要求をおさえ、それに従って各資料から必要な情報を取り出し、設問要求・条件に応じて解答を導く。

＊さまざまな形式で多角的な問いが設定されているので、〈何が問われているのか〉〈その問いに答えるためには何をどのように考えていけばよいか〉を見定め、それに沿って考えていく。

＊生徒の〈学習場面〉を想定した設問、推測や応用的思考を求める設問については、論理的文章編を参照してほしい。

＊生徒の作成した文章・メモなどの推敲を行う設問は、①まず資料などに基づく内容的な正誤をチェックし、その上で、②〈文章の書き方〉や〈構成のしかた〉についての指摘などは、〈そのようにする必然性があるか〉や〈より効果的になるのはどちらか〉〈より自然な（無理のない）ものになるのはどちらか〉といった観点からも検討する。

気候変動が健康に与える影響

◆次の【資料Ⅰ】（文章、図、グラフ1～グラフ3）と【資料Ⅱ】は、気候変動が健康に与える影響について調べていたひかるさんが見つけた資料の一部である。これらを読んで、後の問い（問1～3）に答えよ。

試作問題A 解答 ▼別冊52ページ

【資料Ⅰ】

文章　健康分野における、気候変動の影響について

ⓐ<u>気候変動による気温上昇は熱ストレス[注1]を増加させ</u>、熱中症リスク[注2]や暑熱による死亡リスク、その他、呼吸器系疾患等の様々な疾患リスクを増加させる。特に、ⓑ<u>暑熱に対して脆《ぜい》弱性が高い高齢者を中心に、暑熱による超過死亡[注3]が増加傾向にある</u>ことが報告されている。年によってばらつきはあるものの、熱中症による救急搬送人員・医療機関受診者数・熱中症死亡者数は増加傾向にある。

ⓒ<u>気温の上昇は感染症を媒介する節足動物[注4]の分布域・個体群密度・活動時期を変化させる</u>。感染者の移動も相まって、国内での感染連鎖が発生することが危惧される。これまで侵入・定着がされていない北海道南部でもヒトスジシマカの生息が拡大する可能性や、日本脳炎ウイルスを媒介する外来性の蚊の鹿児島県以北への分布域拡大の可能性などが新たに指摘されている。

外気温の変化は、水系・食品媒介性感染症[注5]やインフルエンザのような感染症類の流行パターンを変化させる。感染性胃腸炎やロタウイルス感染症、下痢症などの水系・食品媒介性感染症、インフルエンザや手足口病などの感染症類の発症リスク・流行パターンの変化が新たに報告されている。

猛暑や強い台風、大雨等の極端な気象現象の増加に伴いⓓ<u>自然災害が発生すれば、被災者の暑熱リスクや感染症リスク、精神疾患リスク等が増加する可能性がある</u>。

2030年代までの短期的には、ⓔ<u>温暖化に伴い光化学オキシダント・オゾン等の汚染物質の増加に伴う超過死亡者数が増加するが、それ以降は減少することが予測されている</u>。

健康分野における、気候変動による健康面への影響の概略は、次の 図 に示すとおりである。

（注）1　熱ストレス――高温による健康影響の原因の総称。
2　リスク――危険が生じる可能性や度合い。
3　超過死亡――過去のデータから統計的に推定される死者数をどれだけ上回ったかを示す指標。
4　感染症を媒介する節足動物――昆虫やダニ類など。
5　水系・食品媒介性感染症――水、食品を介して発症する感染症。

図

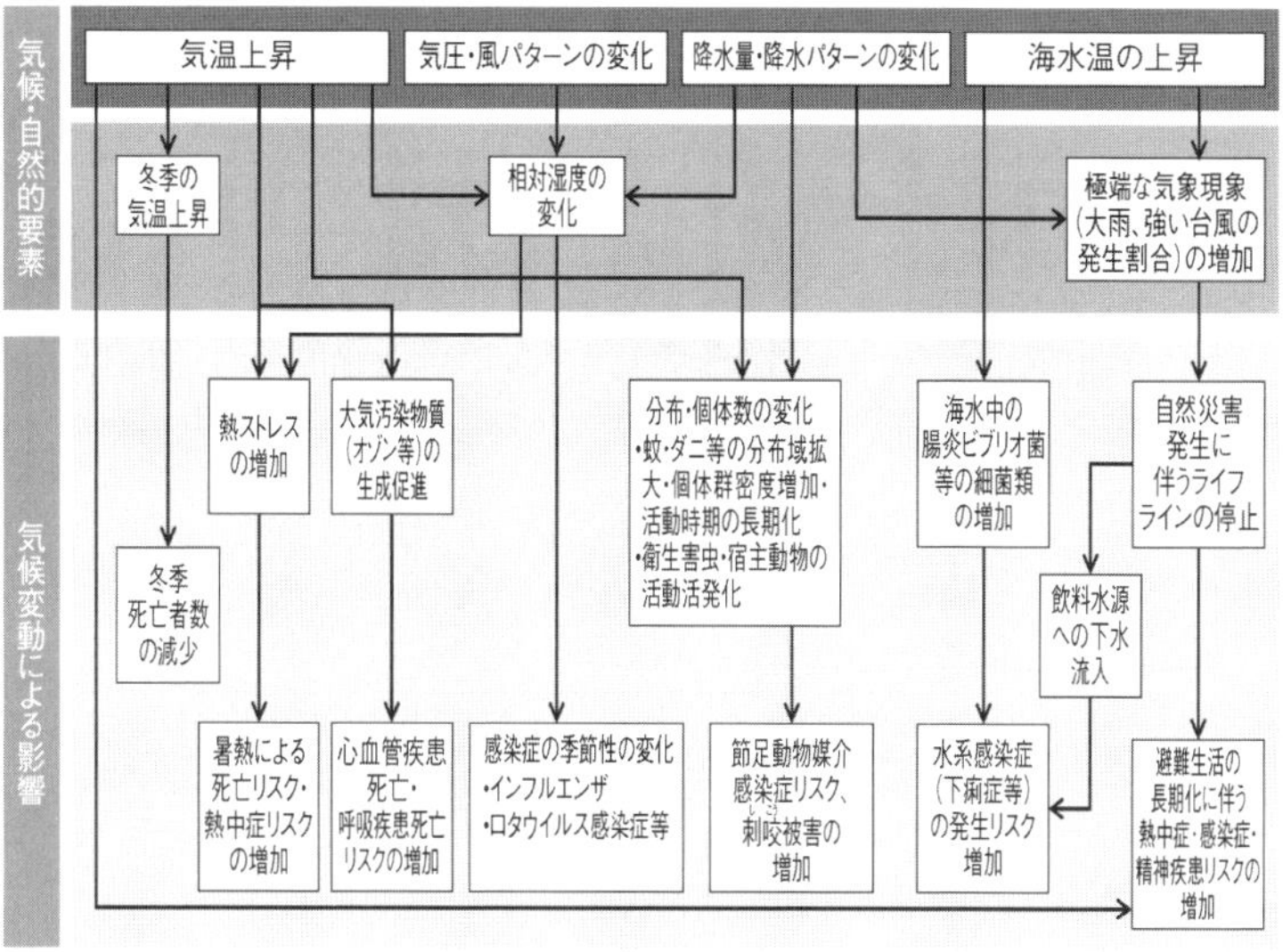

（文章と図は、環境省「気候変動影響評価報告書 詳細（令和２年 12 月）」をもとに作成）

グラフ１　日本の年平均気温偏差の経年変化

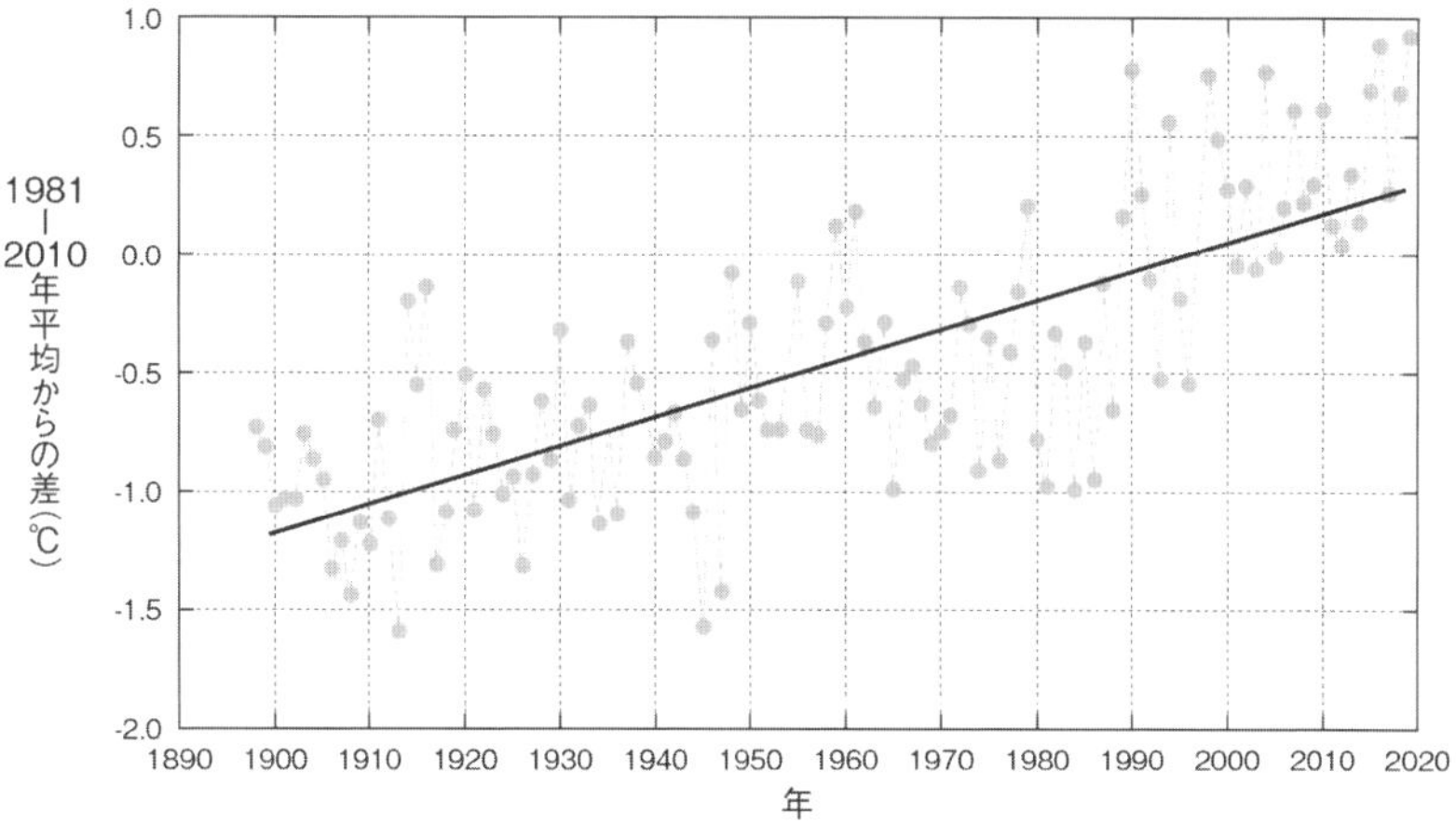

点線で結ばれた点は、国内 15 観測地点での年平均気温の基準値からの偏差を平均した値を示している。直線は長期変化傾向（この期間の平均的な変化傾向）を示している。基準値は 1981 ～ 2010 年の 30 年平均値。

グラフ2　日本の年降水量偏差の経年変化

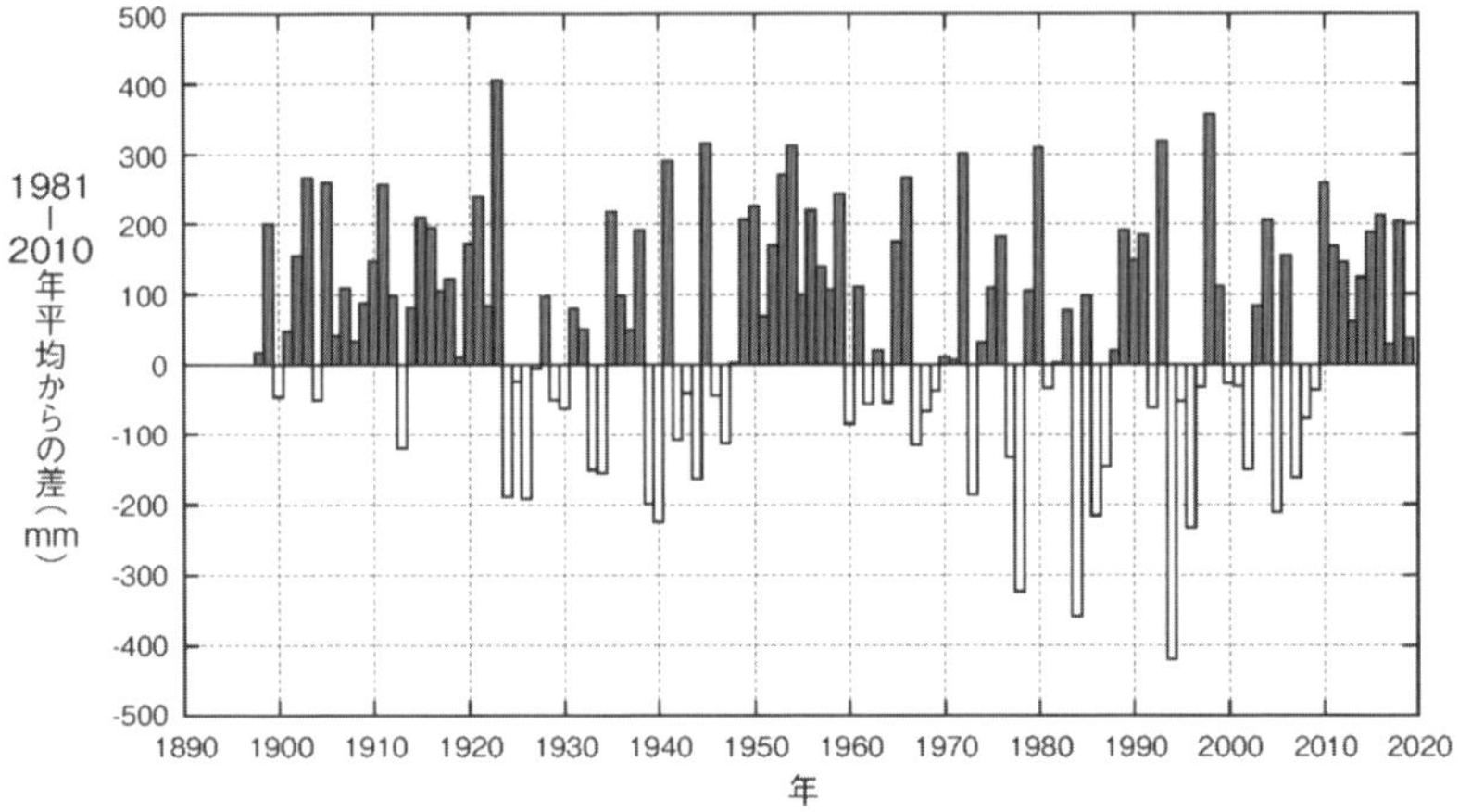

棒グラフは気象庁の観測地点のうち、国内51地点での各年の年降水量の基準値からの偏差を平均した値を示している。0を基準値とし、上側の棒グラフは基準値と比べて多いことを、下側の棒グラフは基準値と比べて少ないことを示している。基準値は1981～2010年の30年間の平均値。

グラフ3　台風の発生数及び日本への接近数

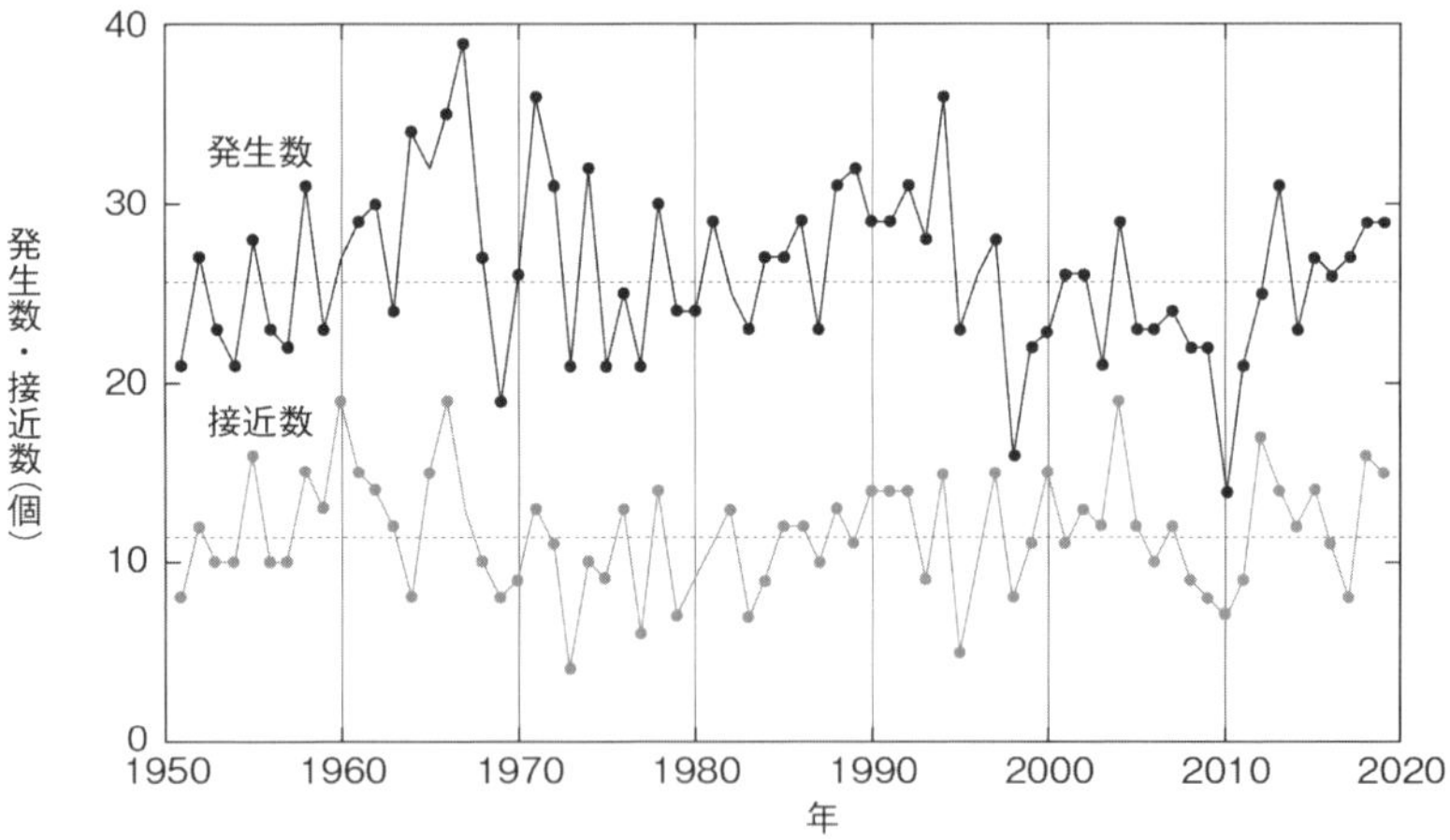

点線は平年値（1950年～2020年の平均）を表す。

（グラフ1～グラフ3は、気象庁「気候変動監視レポート2019（令和2年7月）」をもとに作成）

【資料Ⅱ】

地球温暖化の対策は、これまで原因となる温室効果ガスの排出を削減する「緩和策」を中心に進められてきた。しかし、世界が早急に緩和策に取り組んだとしても、地球温暖化の進行を完全に制御することはできないと考えられている。温暖化の影響と考えられる事象が世界各地で起こる中、その影響を抑えるためには、私たちの生活・行動様式の変容や防災への投資といった被害を回避、軽減するための「適応策」が求められる。例えば、環境省は熱中症予防情報サイトを設けて、私たちが日々の生活や街中で熱中症を予防するための様々な工夫や取り組みを紹介したり、保健活動にかかわる人向けの保健指導マニュアル「熱中症環境保健マニュアル」を公開したりしている。これも暑熱に対する適応策である。また、健康影響が生じた場合、現状の保健医療体制で住民の医療ニーズに応え、健康水準を保持できるのか、そのために不足している(注1)リソースがあるとすれば何で、必要な施策は何かを特定することが望まれる。例えば、21世紀半ばに熱中症搬送者数が2倍以上となった場合、現行の救急搬送システム（救急隊員数、救急車の数等）ですべての熱中症患者を同じ水準で搬送可能なのか、受け入れる医療機関、病床、医療従事者は足りるのか、といった評価を行い、対策を立案していくことが今後求められる。また緩和策と健康増進を同時に進める(注2)コベネフィットを追求していくことも推奨される。例えば、自動車の代わりに自転車を使うことは、自動車から排出される温室効果ガスと大気汚染物質を減らし（緩和策）、自転車を漕《こ》ぐことで心肺機能が高まり健康増進につながる。肉食を減らし、野菜食を中心にすることは、家畜の飼育過程で糞《ふん》尿などから大量に排出されるメタンガスなどの温室効果ガスを抑制すると同時に、健康増進につながる。こうしたコベネフィットを社会全体で追求していくことは、各(注3)セクターで縦割りになりがちな適応策に横のつながりをもたらすことが期待される。

（橋爪真弘《はしづめまさひろ》「公衆衛生分野における気候変動の影響と適応策」による）

（注）1　リソース――資源。
2　コベネフィット――一つの活動が複数の利益につながること。
3　セクター――部門、部署。

問1 【資料Ⅰ】文章と図との関係について、次の(i)(ii)の問いに答えよ。

(i) 文章の下線部ⓐ～ⓔの内容には、図では**省略されているものが二つ**ある。その二つの組合せとして最も適当なものを、次の①～⑤のうちから一つ選べ。

① ⓑとⓔ　② ⓐとⓓ　③ ⓒとⓔ　④ ⓑとⓓ　⑤ ⓐとⓒ

(ii) 図の内容や表現の説明として**適当でないもの**を、次の①～⑤のうちから一つ選べ。

① 「気候変動による影響」として環境及び健康面への影響を整理して図示し、文章の内容を読み手が理解しやすいように工夫している。

② 気温上昇によって降水量・降水パターンの変化や海水温の上昇が起こるという因果関係を図示することによって、文章の内容を補足している。

③ 「気候・自然的要素」と「気候変動による影響」に分けて整理することで、どの要素がどのような影響を与えたかがわかるように提示している。

④ 「気候・自然的要素」が及ぼす「気候変動による影響」を図示することにより、特定の現象が複数の影響を生み出し得ることを示唆している。

⑤ 気候変動によって健康分野が受ける複雑な影響を読み手にわかりやすく伝えるために、いくつかの事象に限定して因果関係を図示している。

問2　次のア～エの各文は、ひかるさんが【資料Ⅰ】、【資料Ⅱ】を根拠としてまとめたものである。【凡例】に基づいて各文の内容の正誤を判断したとき、その組合せとして最も適当なものを、後の①～⑤のうちから一つ選べ。

【凡例】

正　しい——述べられている内容は、正しい。
誤っている——述べられている内容は、誤っている。
判断できない——述べられている内容の正誤について、【資料Ⅰ】、【資料Ⅱ】からは判断できない。

ア　気候変動による気温の上昇は、冬における死亡者数の減少につながる一方で、高齢者を中心に熱中症や呼吸器疾患など様々な健康リスクをもたらす。

イ　日本の年降水量の平均は一九〇一年から一九三〇年の三〇年間より一九八一年から二〇一〇年の三〇年間の方が多く、気候変動の一端がうかがえる。

ウ　台風の発生数が平年値よりも多い年は日本で真夏日・猛暑日となる日が多く、気温や海水温の上昇と台風の発生数は関連している可能性がある。

エ　地球温暖化に対して、温室効果ガスの排出削減を目指す緩和策だけでなく、被害を回避、軽減するための適応策や健康増進のための対策も必要である。

①　ア　正しい　イ　誤っている　ウ　誤っている　エ　判断できない
②　ア　誤っている　イ　判断できない　ウ　誤っている　エ　誤っている
③　ア　正しい　イ　誤っている　ウ　判断できない　エ　正しい
④　ア　誤っている　イ　正しい　ウ　判断できない　エ　正しい
⑤　ア　判断できない　イ　正しい　ウ　判断できない　エ　誤っている

問3　気候変動が健康に影響を与えることを知り、高校生として何ができるか考えたひかるさんは、【資料Ⅰ】と【資料Ⅱ】を踏まえたレポートを書くことにした。次の【目次】は、ひかるさんがレポートの内容と構成を考えるために作成したものである。これを読んで、後の(i)(ii)の問いに答えよ。

【目次】

テーマ：気候変動が健康に与える影響と対策

はじめに：テーマ設定の理由

第１章　気候変動が私たちの健康に与える影響
- a　暑熱による死亡リスクや様々な疾患リスクの増加
- b　感染症の発生リスクの増加
- c　自然災害の発生による被災者の健康リスクの増加

第２章　データによる気候変動の実態
- a　日本の年平均気温の経年変化
- b　日本の年降水量の経年変化
- c　台風の発生数及び日本への接近数

第３章　気候変動に対して健康のために取り組むべきこと
- a　生活や行動様式を変えること
- b　防災に対して投資すること
- c　［　X　］
- d　コベネフィットを追求すること

おわりに：調査をふりかえって

参考文献

(i) **【資料Ⅱ】**を踏まえて、レポートの第3章の構成を考えたとき、**【目次】**の空欄 X に入る内容として最も適当なものを、次の①～⑤のうちから一つ選べ。

① 熱中症予防情報サイトを設けて周知に努めること
② 保健活動にかかわる人向けのマニュアルを公開すること
③ 住民の医療ニーズに応えるために必要な施策を特定すること
④ 現行の救急搬送システムの改善点を明らかにすること
⑤ 縦割りになりがちな適応策に横のつながりをもたらすこと

□

(ii) ひかるさんは、級友に**【目次】**と**【資料Ⅰ】【資料Ⅱ】**を示してレポートの内容や構成を説明し、助言をもらった。**助言の内容に誤りがあるもの**を、次の①～⑤のうちから一つ選べ。

① Aさん　テーマに掲げている「対策」という表現は、「健康を守るための対策」なのか、「気候変動を防ぐための対策」なのかわかりにくいから、そこが明確になるように表現すべきだと思うよ。
② Bさん　第1章のbの表現は、aやcの表現とそろえたほうがいいんじゃないかな。「大気汚染物質による感染症の発生リスクの増加」とすれば、発生の原因まで明確に示すことができると思うよ。
③ Cさん　気候変動と健康というテーマで論じるなら、気候変動に関するデータだけでなく、感染症や熱中症の発生状況の推移がわかるデータも提示できると、より根拠が明確になるんじゃないかな。
④ Dさん　第1章で、気候変動が健康に与えるリスクについて述べるんだよね。でも、その前提として気候変動が起きているデータを示すべきだから、第1章と第2章は入れ替えた方が、流れがよくなると思うよ。
⑤ Eさん　第1章から第3章は、調べてわかった事実や見つけた資料の内容の紹介だけで終わっているように見えるけど、それらに基づいたひかるさんなりの考察も書いてみたらどうだろう。

□

役割語

◆ヒロミさんは、日本語の独特な言葉遣いについて調べ、「言葉遣いへの自覚」という題で自分の考えを【レポート】にまとめた。【資料Ⅰ】～【資料Ⅲ】は、【レポート】に引用するためにアンケート結果や参考文献の一部を、見出しを付けて整理したものである。これらを読んで、後の問い（問1～4）に答えよ。

【レポート】

男女間の言葉遣いの違いは、どこにあるのだろうか。【資料Ⅰ】によると、男女の言葉遣いは同じでないと思っている人の割合は、七割以上いる。実際、「このバスに乗ればいいのよね？」は女の子の話し方として、「このカレーライスうまいね！」は男の子の話し方として認識されている。これは、性差によって言葉遣いがはっきり分かれているという、日本語の特徴の反映ではないだろうか。

一方、［X］にも着目すると、男女の言葉遣いの違いを認識しているものの、女性らしいとされていた言葉遣いがあまり用いられず、逆に男性らしいとされる言葉遣いをしている女性も少なからず存在することが分かる。

ここで、【資料Ⅱ】【資料Ⅲ】の「役割語」を参照したい。これらの資料によれば、言葉遣いの違いは性別によるとはかぎらない、そして、［Y］ということである。

たしかに、マンガやアニメ、小説などのフィクションにおいて、このような役割語は、非常に発達している。役割語がなければ、「キャラクタ」を描けないようにすら感じる。とくに、文字は映像と違って、顔は見えないし声も聞こえない。役割語が効率的にキャラクタを描き分けることによって、それぞれのイメージを読者に伝えることができる。その一方で、キャラクタのイメージがワンパターンに陥ってしまうこともある。

試作問題B
解答 ▼別冊60ページ

それでは、現実の世界ではどうだろうか。私たちの身近にある例を次にいくつか挙げてみよう。

Z

以上のように、私たちの周りには多くの役割語があふれている。したがって、役割語の性質を理解したうえで、フィクションとして楽しんだり、時と場所によって用いるかどうかを判断したりするなど、自らの言葉遣いについても自覚的でありたい。

【資料Ⅰ】　性別による言葉遣いの違い

調査期間　2008/11/23 〜 2008/12/08
調査対象　小学生〜高校生 10,930 人（男子 5,787 人、女子 5,107 人、無回答 36 人）
調査方法　任意で回答
単位　全て％

質問１
男の子（人）が使うことばと、女の子（人）が使うことばは、同じだと思いますか？

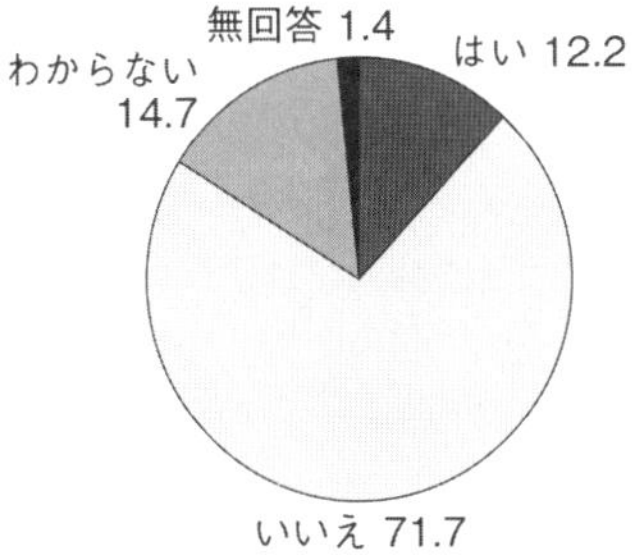

質問２
①次の各文は、男の子、女の子、どちらの話し方だと思いますか？

「このバスに乗ればいいのよね？」

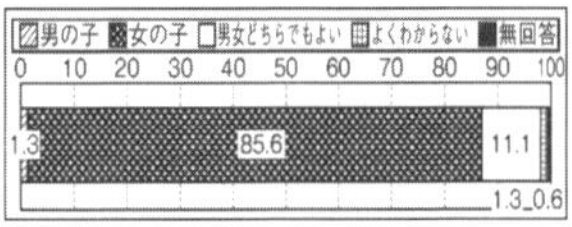

「このカレーライスうまいね！」

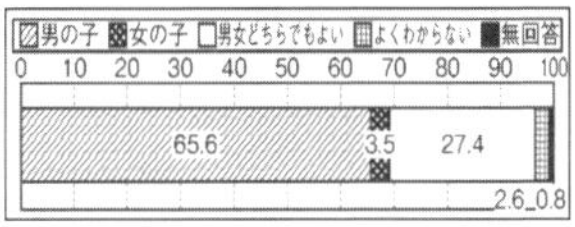

②次のようなことばづかいはしますか？

「このバスに乗ればいいのよね？」

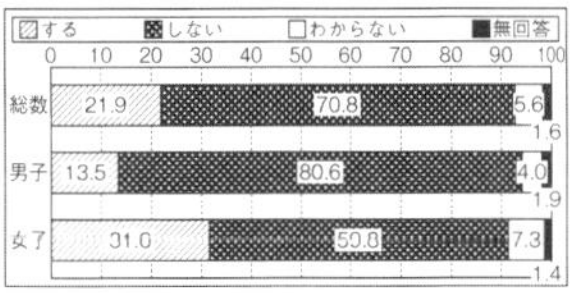

「このカレーライスうまいね！」

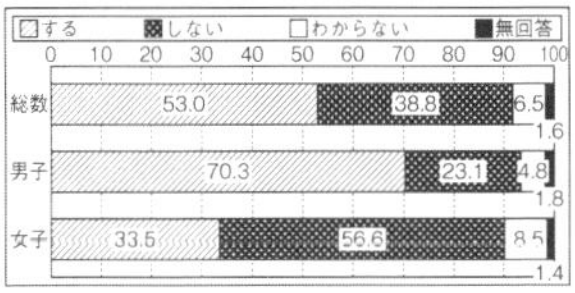

（旺文社「第６回ことばに関するアンケート」による）

【資料Ⅱ】　役割語の定義

役割語について、金水敏『ヴァーチャル日本語　役割語の謎』（岩波書店、二〇〇三年、二〇五頁）では次のように定義している。

ある特定の言葉遣い（語彙・語法・言い回し・イントネーション等）を聞くと特定の人物像（年齢、性別、職業、階層、時代、容姿・風貌、性格等）を思い浮かべることができるとき、あるいはある特定の人物像を提示されると、その人物がいかにも使用しそうな言葉遣いを思い浮かべることができるとき、その言葉遣いを「役割語」と呼ぶ。

すなわち、特定の話し方あるいは言葉遣いと特定の人物像（キャラクタ）との心理的な連合であり、ステレオタイプ（注）の言語版であるとも言える。役割語の分かりやすい例として、次のようなものを挙げることができる。

a　おお、そうじゃ、わしが知っておるんじゃ。
b　あら、そうよ、わたくしが知っておりますわ。
c　うん、そうだよ、ぼくが知ってるよ。
d　んだ、んだ、おら知ってるだ。
e　そやそや、わしが知ってまっせー。
f　うむ、さよう、せっしゃが存じております。

上記の話し方はいずれも論理的な内容が同じであるが、想起させる話し手が異なる。例えばaは男性老人、bはお嬢様、cは男の子、dは田舎もの、eは関西人、fは武士などの話し手が当てられるであろう。

（金水敏《きんすいさとし》「役割語と日本語教育」『日本語教育』第一五〇号による）

（注）ステレオタイプ――型にはまった画一的なイメージ。紋切り型。

【資料Ⅲ】　役割語の習得時期

多くの日本語話者は、「あら、すてきだわ」「おい、おれは行くぜ」のような言い方が女性や男性の話し方を想起させるという知識を共有している。しかし、現実の日常生活の中でこのようないかにも女性的、いかにも男性的というような表現は今日の日本ではやはりまれになっている。

日常的な音声言語に、語彙・語法的な特徴と性差に関する積極的な証拠が乏しいにもかかわらず、多くのネイティブの日本語話者は、〈男ことば〉と〈女ことば〉を正しく認識する。むろんこれは、絵本やテレビなどの作品の受容を通して知識を受け入れているのである。この点について考えるために、私が代表者を務める科研費（注）の研究グループの、幼児の役割語認識の発達に関する予備的な実験調査を紹介しよう。図1として示すのは、その実験に用いたイラストである。

この図を被実験者の幼児に示し、さらに音声刺激として次のような文の読み上げを聞かせ、絵の人物を指し示させた。

a　おれは、この町が大好きだぜ。
b　あたしは、この町が大好きなのよ。
c　わしは、この町が大好きなんじゃ。
d　ぼくは、この町が大好きさ。
e　わたくしは、この町が大好きですわ。

その結果、三歳児では性差を含む役割語の認識が十分でなかったのに対し、五歳児ではほぼ完璧にできることが分かった（音声的な刺激を用いたので、語彙・語法的な指標と音声的な指標のどちらが効いていたかはこれからの検討課題である）。

幼児が、これらの人物像すべてに現実に出会うということはほとんど考えにくい。これに対して、幼児が日常的に触れる絵本やアニメ作品等には、役割語の例があふれている。

図１　役割語習得に関する実験刺激

（金水敏「役割語と日本語教育」『日本語教育』第一五〇号による）

（注）科研費——科学研究費補助金の略。学術研究を発展させることを目的にする競争的資金。

問1　【レポート】の空欄 X には、【レポート】の展開を踏まえた【資料Ⅰ】の説明が入る。その説明として最も適当なものを、次の①～⑤のうちから一つ選べ。

① 「このバスに乗ればいいのよね?」を使わない女子は六割近くにのぼり、「このカレーライスうまいね!」を使わない男子は二割を超えていること

② 「このバスに乗ればいいのよね?」を使う女子は三割程度にとどまり、「このカレーライスうまいね!」を使う女子は三割を超えていること

③ 「このバスに乗ればいいのよね?」を使わない女子は六割近くにのぼり、「このカレーライスうまいね!」を使わない男女は四割近くにのぼること

④ 「このバスに乗ればいいのよね?」を使わない女子は六割近くにのぼり、「このカレーライスうまいね!」を使うか分からないという女子は一割程度にとどまっていること

⑤ 「このバスに乗ればいいのよね?」を使う女子は三割程度にとどまり、「このカレーライスうまいね!」を男女どちらが使ってもいいと考える人は三割近くにのぼること

問2　【レポート】の空欄 Y には、【資料Ⅱ】及び【資料Ⅲ】の要約が入る。その要約として最も適当なものを、次の①～⑤のうちから一つ選べ。

① イラストと音声刺激を用いた発達段階に関する調査によって、役割語の認識は、五歳でほぼ獲得されることが明らかになったが、それは絵本やアニメといった幼児向けのフィクションの影響である

② 役割語とは、特定の人物像を想起させたり特定の人物がいかにも使用しそうだと感じさせたりする語彙や言い回しなどの言葉遣いのことであり、日本語の言葉遣いの特徴を端的に示した概念である

③ 年齢や職業、性格といった話し手の人物像に関する情報と結びつけられた言葉遣いを役割語と呼び、私たちはそうした言葉遣いを幼児期から絵本やアニメ等の登場人物の話し方を通して学んでいる

④ 日本語話者であれば言葉遣いだけで特定の人物のイメージを思い浮かべることができるが、こうした特定のイメージが社会で広く共有されるに至ったステレオタイプとしての言語が役割語である

⑤ 特定の人物のイメージを喚起する役割語の力が非常に強いのは、幼児期からフィクションを通して刷り込まれているためであるが、成長の過程で理性的な判断によってそのイメージは変えられる

□

問3 【レポート】の空欄 Z には、役割語の例が入る。その例として**適当でないもの**を、次の①～⑤のうちから一つ選べ。

① 家族や友だちに対してはくだけた言葉遣いで話すことが多い人が、他人の目を意識して、親密な人にも敬語を用いて話し方を変える場合が見受けられる。

② アニメやマンガ、映画の登場人物を真似るなどして、一般的に男性が用いる「僕」や「俺」などの一人称代名詞を用いる女性が見受けられる。

③ ふだん共通語を話す人が話す不自然な方言よりも、周りが方言を話す環境で育てられた人が話す自然な方言の方が好まれるという傾向が見受けられる。

④ 「ツッコミキャラ」、「天然キャラ」などの類型的な人物像が浸透し、場面に応じてそれらを使い分けるというコミュニケーションが見受けられる。

⑤ スポーツニュースで外国人男性選手の言葉が、「俺は～だぜ」、「～さ」などと男性言葉をことさら強調して翻訳される場合が見受けられる。

問4　ヒロミさんは、【レポート】の主張をより理解してもらうためには論拠が不十分であることに気づき、補足しようと考えた。その内容として適当なものを、次の①～⑥のうちから二つ選べ。ただし、解答の順序は問わない。

①「今日は学校に行くの」という表現を例にして、日本語における役割語では語彙や語法より音声的な要素が重要であるため、文末のイントネーションによって男女どちらの言葉遣いにもなることを補足する。

②英語の「I」に対応する日本語が「わたし」、「わたくし」、「おれ」、「ぼく」など多様に存在することを例示し、一人称代名詞の使い分けだけでも具体的な人物像を想起させることができることを補足する。

③マンガやアニメなどに登場する武士や忍者が用いるとされる「～でござる」という文末表現が江戸時代にはすでに使われていたことを指摘し、役割語の多くが江戸時代の言葉を反映していることを補足する。

④役割語と性別、年齢、仕事の種類、見た目などのイメージとがつながりやすいことを踏まえ、不用意に役割語を用いることは人間関係において個性を固定化してしまう可能性があるということを補足する。

⑤絵本やアニメなどの幼児向けの作品を通していつの間にか認識されるという役割語の習得過程とその影響力の大きさを示し、この時期の幼児教育には子どもの語彙を豊かにする可能性があるということを補足する。

⑥役割語であると認識されてはいても実際の場面ではあまり用いられないという役割語使用の実情をもとに、一人称代名詞や文末表現などの役割語の数が将来減少してしまう可能性があるということを補足する。

オーバーツーリズム

◇次の【資料Ⅰ】・【資料Ⅱ】（A・B・C・D-1～D-3）・【資料Ⅲ】は、Mさんが「オーバーツーリズム」について調べているうちに見つけた資料の一部である。これらを読んで、後の問い（問1～4）に答えよ。

【資料Ⅰ】「オーバーツーリズム」の定義

特定の観光地において、訪問客の著しい増加等が、市民生活や自然環境、景観等に対する負の影響を受忍できない程度にもたらしたり、旅行者にとっても満足度を大幅に低下させたりするような観光の状況

（『平成30年版　観光白書』）

【資料Ⅱ】オランダ・アムステルダムのオーバーツーリズムについて

A

2000年代末から10年代初頭にかけて、リーマンショック（注1）、それに続く欧州債務危機の影響を受け、オランダは経済状況が低迷していた。そのようななか、アムステルダムの王立美術館や動物園が改装オープンされる2013年を期して、経済浮揚の期待も込めて、アムステルダムは積極的に観光プロモーションを行った。プロモーションは奏功し、多くの観光客が訪れるようになったが、折からの新興国の経済成長や、LCC（注2）やAirbnb（注3）の発展に伴う個人旅行の簡易化、クルーズ船の増加などが観光客の増加に拍車をかけ、宿泊客数（泊数）は2012年に［X］であったのが、2019年には［Y］にまで増加した。このころから観光客の急激な増加に伴う様々な問題が市民の一部から指摘され始めた。

（沼田壮人《ぬまたそうと》「アムステルダム」（『ポスト・オーバーツーリズム――界隈《かいわい》を再生する観光戦略』所収））

予想問題

解答▼別冊68ページ

B

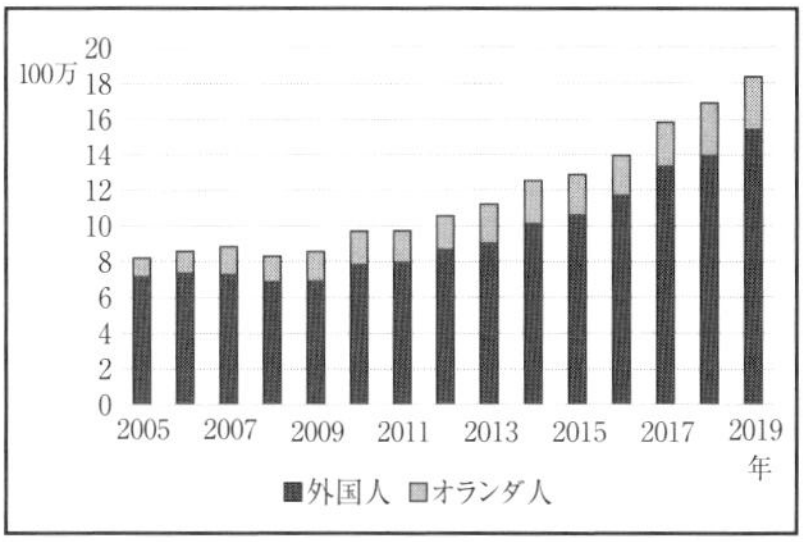

図1　アムステルダム市の延べ宿泊者数の推移

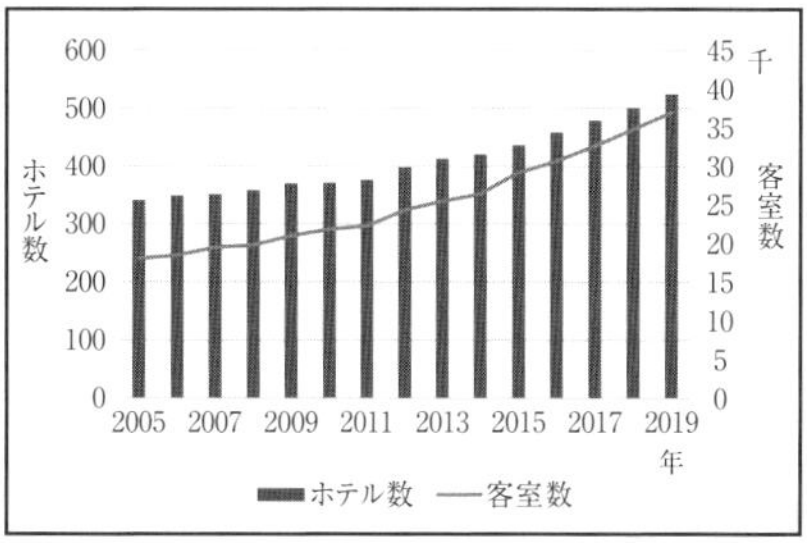

図2　アムステルダム市のホテル数と客室数の推移

C　アムステルダム市のオーバーツーリズム対策

年月	施策
2015年5月	計画『バランスのとれた都市』策定
2017年1月	Centrum(注4)でのホテル新増設不許可
2017年10月	民泊貸出時の報告義務化、年間貸出日数60日に制限
2017年10月	Postcodegebied 1012及び周辺40通りでの観光客店等新規立地禁止
2019年1月	民泊の年間貸出日数30日に制限
2019年1月	宿泊料金への観光税7％に値上げ、クルーズ客から観光税8ユーロ徴収
2019年3月	プログラム『バランスのとれた都市』発行
2019年4月	公共駐車場料金1時間7.5ユーロに値上げ
2020年1月	電子看板に最低6秒間の映像静止義務付け
2020年1月	B&B(注5)に許可制導入
2020年1月	ホテルの観光税は7％＋1泊3ユーロ、民泊、B&Bの観光税は10％に値上げ
2020年1月	ガイドツアー参加者への娯楽税1.5ユーロ導入
2020年1月	テラスに対する道路占用料値上げ
2020年4月	ガイドツアー参加人数を最大15人に制限
2020年7月	Centrum内3地区での民泊禁止、他の地区では許可制導入
2020年12月	『中心市街地へのアプローチ：実施プログラム』発表

(坪原紳二《つぼはらしんじ》「アムステルダム市のオーバーツーリズム対策」)

D-1

2015年　アムステルダム市策定の計画『バランスのとれた都市』の〈目標〉

(1)　アムステルダムは誰にとっても魅力的で親切な都市であること。
(2)　アムステルダムは成長と繁栄に取り組んでいます。
(3)　アムステルダムはベンチマーク(注6)として人間の側面を取ります。

D-2

2016年　アムステルダム市発表資料の〈目標〉

(1)　アムステルダムは、誰にとっても魅力的な都市を目指しています。
(2)　アムステルダムは、持続可能な方法で成長と繁栄をリードすることを目指しています。
(3)　アムステルダムは、人間の規模とホスピタリティ(注7)を基本条件としています。

D-3

2019年　アムステルダム市策定のプログラム『バランスのとれた都市』の〈目標設定〉

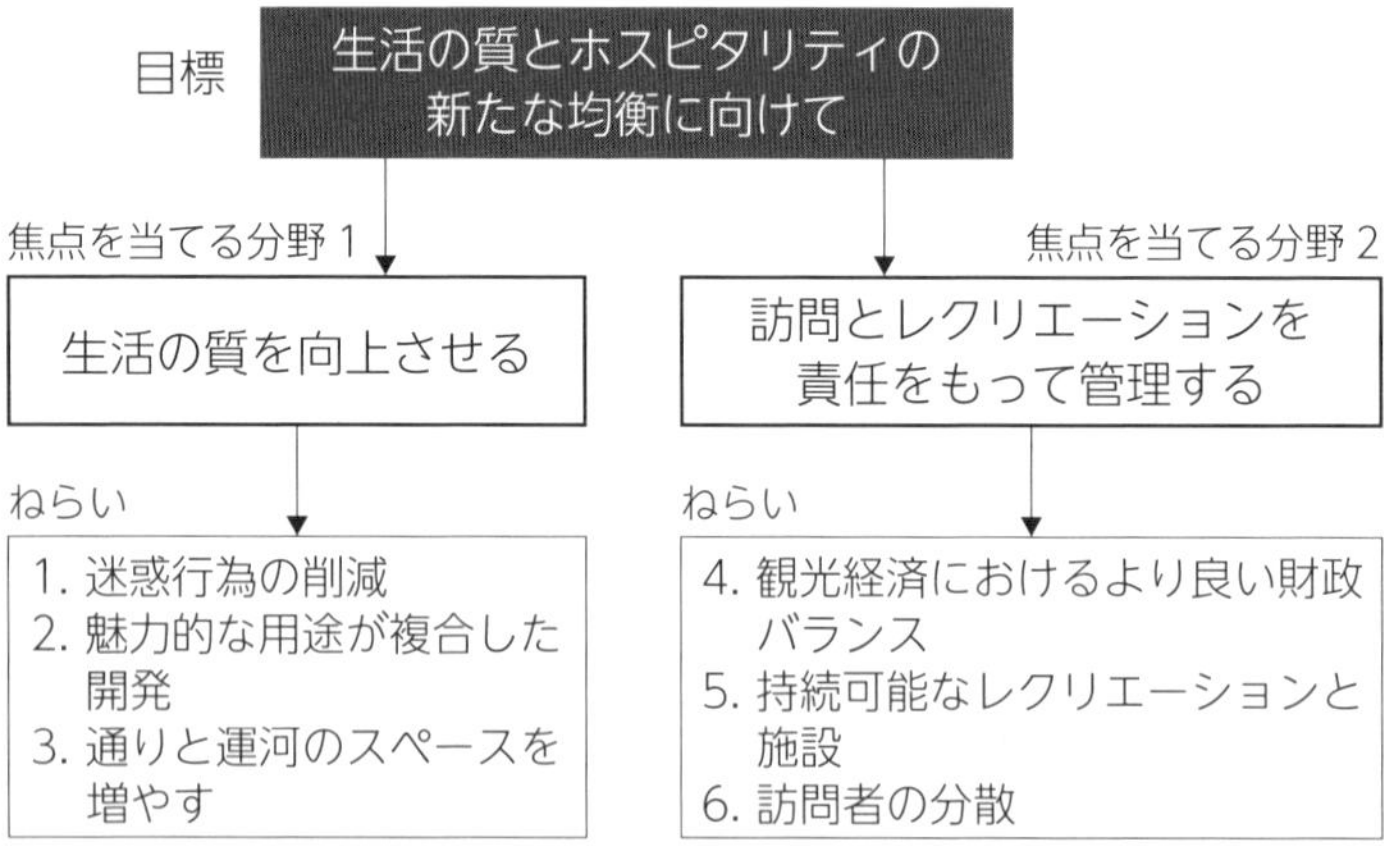

（沼田壮人「アムステルダム」（『ポスト・オーバーツーリズム――界隈を再生する観光戦略』所収））

（注）1　リーマンショック——2008年9月のアメリカの投資銀行リーマン・ブラザーズの破綻を契機とした世界的な金融危機の総称。

2　LCC——Low Cost Carrierの略。格安航空会社のこと。

3　Airbnb——世界最大手の民泊仲介ウェブサイト。民泊とは、旅館やホテルとは異なり、一般の民間住宅を活用して旅行者に宿泊サービスを提供すること。

4　Centrum——アムステルダム市の中心市街地。後のPostcodegebied 1012はその中心部の旧市街地に当たる地区。

5　B&B——Bed&Breakfastの略。朝食とベッドのみを提供する宿泊施設。

6　ベンチマーク——指標。基準。

7　ホスピタリティ——歓待。思いやりをもったもてなし。

【資料Ⅲ】受益圏・受苦圏

受益圏／受苦圏　じゅえきけん／じゅくけん

受益圏とは、主体がそこに属することによって、なんらかの受益機会を獲得するような一定の社会的圏域を言い、受苦圏とは、反対に、主体がそこに属することによって、なんらかの苦痛、打撃、損害を被るような社会的圏域を言う。一般的には、あらゆる組織は、その成員にとって、受益圏という側面を持つし、特定の地域社会、世代、階層などは、さまざまな文脈で、受益圏や受苦圏になりうる。これらの概念は、まず、地域問題、環境問題の文脈における特定の開発事業と結びついた空間的な受益圏・受苦圏に即して創出された。この文脈では、第一に、受益圏と受苦圏が、重なり型か、分離型か、第二に、それぞれの社会的・空間的な広さと狭さがどのようなものかが重要である。

（『福祉社会事典』）

問1　「オーバーツーリズム」の具体例としてどのようなものが考えられるか。その説明として**適当でないもの**を、次の①～⑤のうちから一つ選べ。

① 観光客の急激な増加により、道路の渋滞や公共交通機関の混雑が生じたり、飲食店や土産物屋などが常に満員で入れなかったりといった事態が頻発し、観光客が落ち着いて観光を楽しめなくなった。

② ある建造物が歴史的遺産として人気を集め、大勢の観光客が押し寄せるようになって、建物が落書きやいたずらなどで傷つけられることが頻発するようになった。

③ 希少植物の群生地が観光名所化し、無断でその植物を持ち去る人が続出して、ついにはその植物の絶滅が危惧されるまでに至った。

④ ある土地が世界遺産の指定を受けたが、外国の雑誌に景観に関する誤った紹介記事が出たために、それを読んで訪問した観光客たちが期待を裏切られたとして満足度が大幅に低下する結果となった。

⑤ 観光による町興しを図った地方都市で、観光客めあての店や宿泊施設の建設ラッシュが起こったために、地価や家賃が高騰して地元の商店や住民が負担に耐えられなくなった。

□

問2　【資料Ⅱ】を読んで、次の(i)・(ii)の問いに答えよ。

(i)　【資料Ⅱ】の[A]・[B]・[C]からわかることとして最も適当なものを、次の①〜④のうちから一つ選べ。

① [A]の空欄[X]には「約900万人」が、空欄[Y]には「約1800万人」が入る。
② [A]に「このころから……指摘され始めた」とあるように、アムステルダムでオーバーツーリズムへの対策がとられ始めたのは二〇一九年頃からである。
③ [B]の**図1**にはオランダ人の宿泊者数に比べ外国人の宿泊者数の伸びが抑えられていることが示されており、これは[C]に挙げられているオーバーツーリズム対策が功を奏したためだと思われる。
④ [B]の**図2**に示されている二〇〇五年から二〇一九年までのデータからは、一つのホテルあたりの客室数が多くなる傾向が進んでいるのを見てとることができる。

[ ]

(ii) 次に示すのは、**【資料Ⅱ】**を読んだ生徒たちの発言である。**【資料Ⅱ】**全体を踏まえた D-1 ・ D-2 ・ D-3 の理解として**適当でないもの**を、次の①～④のうちから一つ選べ。

① アムステルダムは、リーマンショック等による経済状況の低迷を打開するために観光客の誘致を図ったんだよね。『バランスのとれた都市』を掲げながらも、D-1 の⑵にはそうした事情が反映している気がするね。

② 翌年に出された D-2 も、D-1 とそれほど大きく変わってはいないね。でも、よく見ると少し違いがあって、そこには住民の暮らしをより大切にしようという志向も見られる気がするね。

③ 一方で、D-3 では、アムステルダムで過ごす観光客の「生活の質」の「向上」に焦点を当てているね。『バランスのとれた都市』とあるように、観光客と住民のどちらかのみに偏らない政策がとられているんだね。

④ C にある「ガイドツアー参加人数を最大15人に制限」なんかは、D-3 の「訪問とレクリエーションを責任をもって管理する」に当たるよね。これには、旅行客が快適に観光できるように、という面もあるんだろうね。

□

問3 Mさんは、オーバーツーリズムに対するアムステルダムの姿勢を、**【資料Ⅲ】**の「受益圏」「受苦圏」を用いて説明しようと考えた。それはどのようなものになると考えられるか。その説明として最も適当なものを、次の①～⑤のうちから一つ選べ。

① オーバーツーリズムは、観光地の住人たちを、観光によって利益を得る業界という受益圏に属する人びとと、それとは無関係な生活者として受苦圏に属する人びとに分断する。アムステルダムは、こうした分断を克服しようとして、受益圏と受苦圏が可能な限り一致するような方向へと町づくりを進めている。

② 観光地となった地域は、観光客がもたらす経済的利益の受益圏であると同時に、オーバーツーリズムによる苦痛や損害を被る受苦圏でもある。こうした認識に立ったうえでアムステルダムは、受益の増大に伴う受苦の増大を甘受するより、受益の伸びを抑えてでも受苦を緩和していくことを目指している。

③ 観光における受益とはある地域を訪れ観光を楽しむ営みのことであるから、いわば世界全域が受益圏であり、これに対してオーバーツーリズムの被害を受ける観光地が受苦圏に当たることになる。観光におけるこうした不均衡を是正するために、アムステルダムでは観光客に対するさまざまな規制が行われている。

④ オーバーツーリズムに悩む地域は観光における受苦圏に該当するが、その地域に住む人びとが他の地域へ観光に出かける際には一転して受益圏に属することになる。アムステルダムでは、観光がこのような相互性において成立していることを踏まえて、受益と受苦のバランスをとることが重視されている。

⑤ オーバーツーリズムとは、観光地の住民にとっての受益と受苦のバランスが崩れた際に生じるものであり、受益圏が同時に受苦圏でもある観光の営みが不可避的にはらんでいるものである。アムステルダムでは、観光による地域社会への打撃や損害を受忍しうるものとするために、受益を最大化する努力がなされている。

問4　Mさんは、オーバーツーリズムに関するレポートを書くために、次のような**【構成案】**のメモを作り、友人に見せて不適切な点や改善すべき点を指摘してもらった。友人の指摘として最も適当なものを、後の①～⑤のうちから一つ選べ。

【構成案】

1　オーバーツーリズムとは何か
・オーバーツーリズムの定義を紹介し、具体的な事例をいくつか挙げて説明する。

2　オーバーツーリズムにおける「受益圏」と「受苦圏」
・「受益圏」「受苦圏」という概念を紹介し、これらを用いて「オーバーツーリズム」について検討する。

3　アムステルダムのオーバーツーリズム
・アムステルダムにおけるオーバーツーリズムの歴史的経緯と、アムステルダムがとった対策について、グラフや表なども用いつつ紹介する。

4　オーバーツーリズムの対策についての提案
・オーバーツーリズムへの望ましい対応のしかたについて提案する。

① 1の「定義」は、オーバーツーリズムの多様なあり方を、一つの「定義」に限定してしまう危険性がある気がするな。だから、「定義」を書くのはやめて、具体例をなるべく多く書くようにすべきだと思う。

② 2では、「受益圏」と「受苦圏」という概念を紹介することになっているけど、「オーバーツーリズム」はこの二つの概念だけで説明しきれるものじゃないと思う。だから、2はカットした方がいいんじゃないかな。

③ 3の「アムステルダムのオーバーツーリズム」も、1の「具体的な事例」のうちの一つに当たるよね。だから、1と3とはひとまとめにして、全体を三つの部分からなる形に再構成した方がいい気がする。

④ 4では、何種類かの「対応」を比較したうえで、自分がよいと考えたものを「提案」する形にするといいんじゃないかな。そのためには、3で「アムステルダム」以外の都市でとられた対策もいくつか挙げるといいと思う。

⑤ 全体を通して、前の内容をうけて発展させる形で次の内容を書き、それをうけてさらに発展させる形で次の内容を書く、というふうになっているといいと思う。そのためには、2と3の順序を入れ替えた方がいいんじゃないかな。

□

12 ネット社会と人間のあり方

◆Sさんは、「ネット社会と人間のあり方」について考え文章にまとめるために資料等を集めた。次の【資料Ⅰ】・【資料Ⅱ】・【資料Ⅲ】はSさんが参照した著作や調査報告の一部であり、【下書き】はSさんがこれらを踏まえて考えたことをまとめた文章の下書きである。これらを読んで、後の問い（問1～4）に答えよ。

【資料Ⅰ】

まず、インターネット広告（以下、ネット広告）を概観しておきたい。

表は１９９０年代半ばからのネット広告の主な形式をまとめたものである。

ここで重要なのは、ネット広告がテクノロジーの革新（注1）と同時並行で展開してきた点である。たとえば、検索連動型広告やコンテンツ連動型広告はGoogleなどの検索サービスが２０００年代になって（注2）広く使われるようになってはじめて可能になった。また、位置連動型広告はGoogle Map や iPhone など（注3）ＧＰＳ（グローバル・ポジショニング・システム）機能を内蔵したスマートフォンが普及したからこそ、可能になったものである。さらに動画広告が可能になるためには、YouTube などの動画配信サービスや大容量のデータを滞りなく再生可能にする高速通信網の整備が必要だった。

表　ネット広告の主な形式（抜粋）

検索連動型広告	検索したキーワードに関連した広告を検索結果画面に表示するもの。
コンテンツ連動型広告	ウェブページ内の単語を分析し、内容に即した広告を自動的に表示するもの。
行動ターゲティング広告	ウェブページの閲覧履歴を分析し、ユーザーの興味関心に即した広告をコンテンツとは無関連に自動表示するもの。
位置連動型広告	X

予想問題
解答▼別冊74ページ

こうしたネット広告の特徴は双方向性である。従来の広告は送り手から受け手への一方向的な情報発信だったが（テレビコマーシャルや新聞広告）、ネット広告はユーザーからのリクエストに応じてサーバー（注4）から情報が発信されるため、マス広告よりもインタラクティブ（注5）で個別性が高い。

たとえば、ウェブページにアクセスしたとき、一瞬の間が空いてからコンテンツが表示されることがある。実はあの瞬間にコンピュータに保存された個人情報と合致したネット広告のリアルタイムオークション（ＲＴＢ：Real Time Bidding）が行われており、そこで落札した広告主のコンテンツがタイムラインや記事や動画の広告スペースに表示されている。

マス広告では広告代理店を介して「どういう媒体にどんな広告を出すのか」を事前に決める必要があったが、ネット広告はアドテクノロジー（注6）と呼ばれる配信技術を活用して「どういう人にどんな広告を出すのか」をリアルタイムで決めている（２０１４年頃から）。ネット広告はその配信技術を常に最適化することで、広告主とユーザーのマッチングを成立させている。

（加島卓《かしまたかし》「ネット広告の功罪」による。なお、一部表記を改めたところがある。）

（注）1　コンテンツ――ここでは、情報サービスにおいて提供される個々の映像・音声・文書などの内容。

2　Google Map――インターネット関連の企業であるグーグル（Google）が提供するネット上の地図サービス。

3　ＧＰＳ――全地球測位システム。人工衛星からの電波により地球上の現在位置を正確に測定するシステム。

4　サーバー――ここでは、コンピュータネットワーク上で他のコンピュータにサービスを提供するコンピュータのこと。

5　インタラクティブ――双方向的な。対話型の。

6　アドテクノロジー――インターネット広告の効果を向上させるための技術の総称。

【資料Ⅱ】

近年のＩＴ分野におけるキーワードの１つにビッグデータという言葉がある。従来の標準的なデータベースソフト（注１）では処理しきれないほどの情報量をもつデータのことである。では、具体的にどのようなデータをビッグデータというのだろうか。典型的なのは、人々の購買履歴や行動履歴に関するデータだ。たとえば、電子マネー決済の自販機を思い起こそう。現金で購入すれば何の情報も残らないが、電子マネーで決済した場合には、購入した人の年代・性別、購入した商品、購入した日時・場所といったＰＯＳ（Point of Sale）データがすべて残る。これが各地から日夜集まれば、それはまさにビッグデータになるだろう。そしてそのデータを分析することで、たとえば「中年男性は夕方に甘い飲料を買う傾向がある」といったことがわかってくる。最終的に、そうした知見と顔認識で識別した目の前の客の性別・年代を突き合わせれば、何がその人へのおすすめ商品かを自動的に判断できる、というわけだ。

そして、こうしたビッグデータの収集と活用に最適なのがユビキタスな情報環境だ。ユビキタスとは、そもそもは「あらゆるところに遍在する」という意味の言葉であり、ユビキタスな情報環境においては、各種の情報端末やセンサーが生活空間の至るところに埋め込まれることになる。重要なのは、そこでは人と人だけでなく、人とモノ、モノとモノも通信するという点だ。顔認識の自販機もまさにそうした仕組みになっている。それはビッグデータを蓄積したサーバーに常時接続されており、だからこそ、次々やってくる異なる人に対して、その都度異なるおすすめを提案できるのである。そして、もしこれに類した仕組みを日常生活の各所に用意できれば、そこではさらに多様な情報サービスが可能になるだろう。たとえば、一人ひとりが自分の行動履歴や購買履歴を蓄積した携帯端末をもち、街の至るところにそのデータを読み取るセンサーがあるとしよう。容易に思いつくように、そこでは端末とセンサーの自動交信によって、街のどこにいても、たとえば「この先にあなたの好きそうなカフェがありますよ」といった情報を提供できるようになる。

では、こうしたユビキタスとビッグデータの組み合わせには、どのようなメリット・デメリットがあるだろうか。まず、メリットとして挙げられるのは、提供される情報の的確さだ。もちろん、こうした情報環境がなくても、私たちは各種メディアから日々十分すぎるほどの情報を受け取っている。だが、たとえばテレビＣＭを考えればわかるように、そうした情報の多くは不特定多数の人に向けられた情報にすぎない。マス・メディアであるテレビが流すＣＭはまさにマスに向けてばらまかれているのである。これに対し、ビッグデータ／ユビキタスの情報環境においては、各種のセンサーがそこにいる「わたし」がどのような人なのかを認識してくれる。完全に個人を特定せずとも、購買履歴・年代・性別などがわかれば、少なくともその人が今何を欲している（可能性が高い）人なのかは判断できるのである。(注2)ゆえにそこでは、情報はばらまかれるものではなく、ピンポイントで届けられるものになる。その的確さは、効果的なマーケティングを行いたい企業にとっても、有益な情報だけ受け取りたい消費者にとっても大きなメリットだろう。

一方、デメリットとして挙げねばならないのはやはりプライバシーの問題だ。言うまでもなく、個人の購買履歴や行動履歴はかなりセンシティブな個人情報だが、そこにいる「わたし」に的確な情報を届けるためには、どうしてもそうした個人情報を大規模に収集する必要がある。だが、これは利用者の側から見れば、ある種の監視にほかならず、そこには常に一定の不安がつきまとう。実際、２０１３年に、ＪＲ東日本がSuicaの乗降履歴データを日立製作所へ販売していたことが発覚し、多くの利用者から批判の声があがったのを覚えている人もいるだろう。このときもそうだったように、こうした個人情報はいったん吸い上げられてしまえば、その利用法を私たちが完全にコントロールすることはできない。それゆえ、利用者の不安を完全に取り除くことは今後も難しいだろう。すでにある程度普及しているものの、ユビキタス／ビッグデータ的な情報環境は、それが与えてくれるメリットと、それが喚起する不安の間で揺れ動いているのである。

（土橋臣吾《どばししんご》「ユビキタス／ビッグデータの功罪」による。なお、一部表記を改めたところがある。）

（注）1　データベースソフト――大量の情報を、登録・整理・利用するためのソフト。
2　マーケティング――販売戦略。

【資料Ⅲ】「パーソナルデータに関する一般消費者の意識調査」（抜粋）

【図1】企業が消費者のパーソナルデータを利用していることへの印象　（n（回答数）＝1.059）

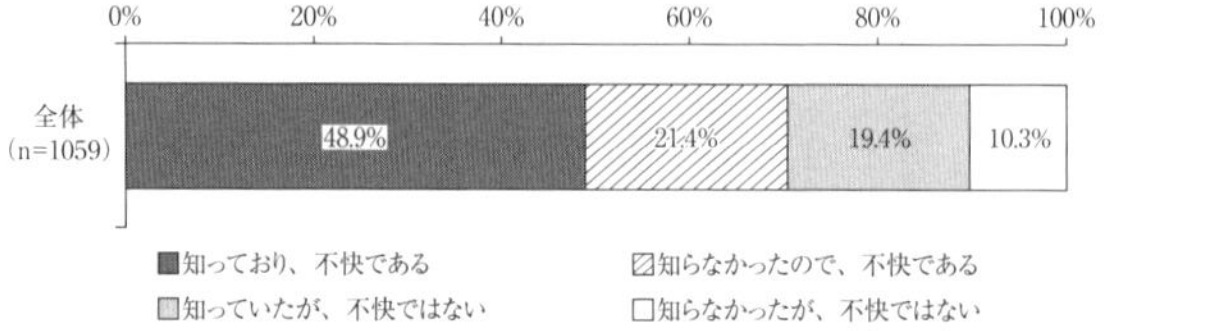

【図2】パーソナルデータを活用したサービスの利用ニーズ　（n＝1.059）

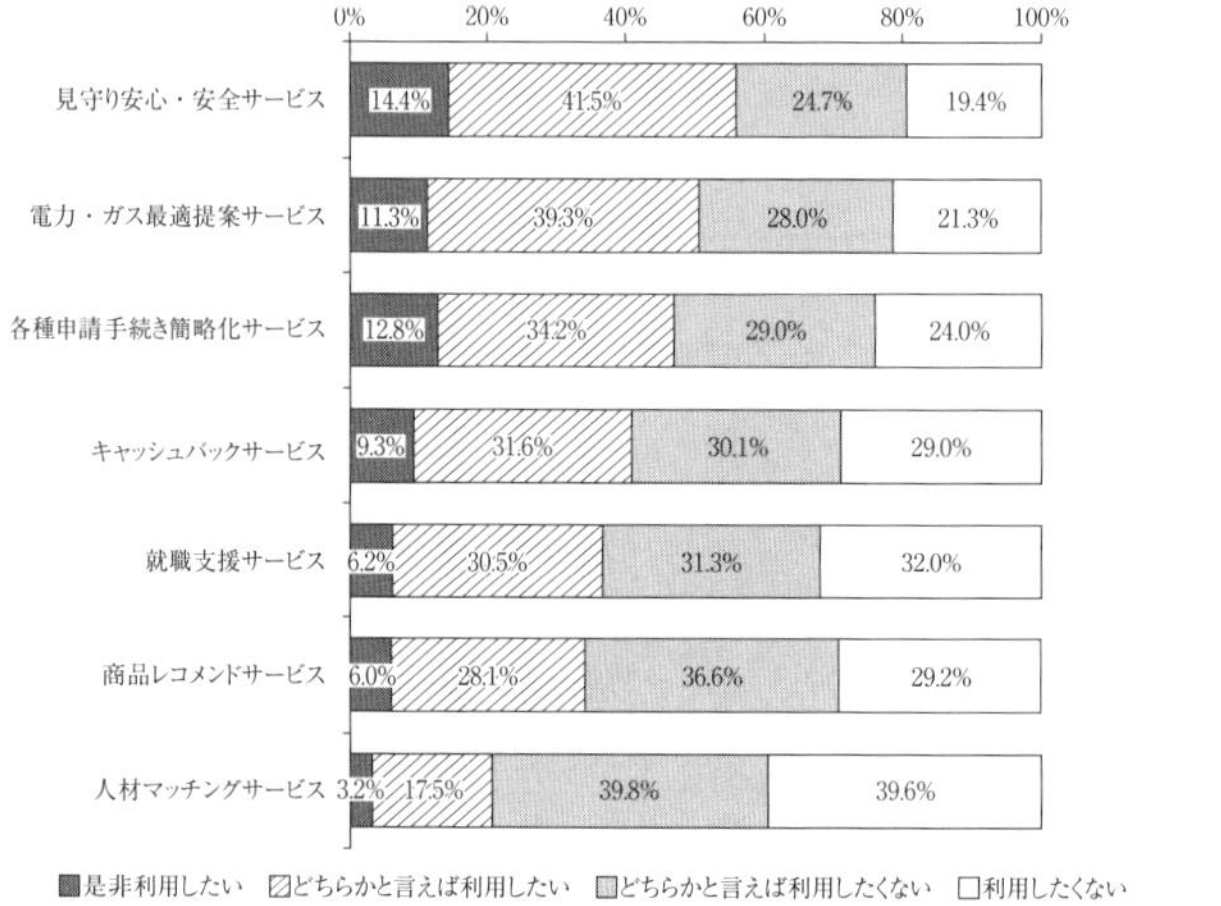

【図3】パーソナルデータを活用したサービスについて利用したくない理由　（n＝1.059）

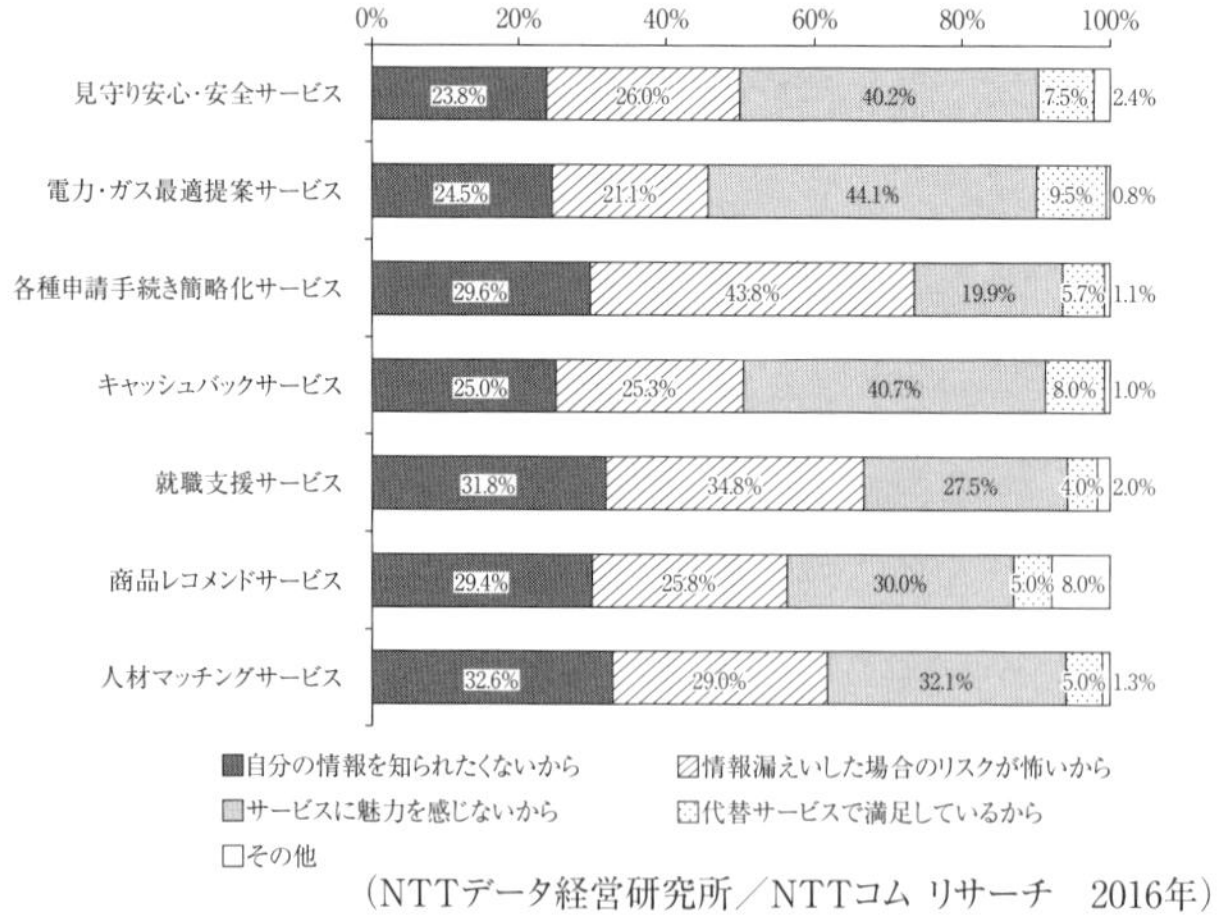

（NTTデータ経営研究所／NTTコム リサーチ　2016年）

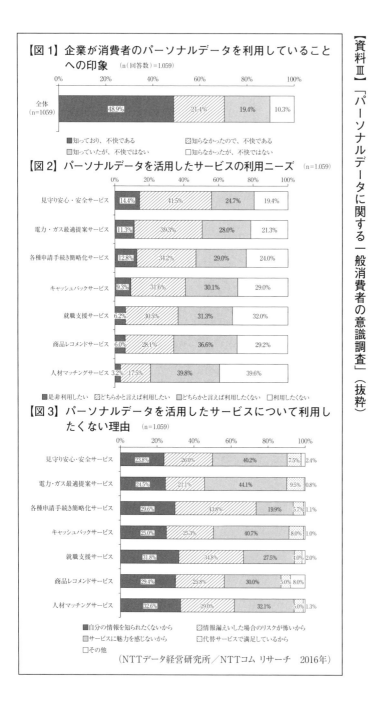

【下書き】（設問の都合により1～5の段落番号を付している）

1 インターネットを通じたさまざまなサービスは、私たちの生活に不可欠のものとなっている一方で、多くの問題もはらんでいる。このことについて考えてみたい。

2 インターネットを利用していると、自分がアクセスしたコンテンツや情報以外にも、さまざまな広告が表示される。テレビ・ラジオのCMや新聞・雑誌などの広告と違い、A インターネット広告は、**【資料Ⅰ】**にあるように、検索連動型広告、コンテンツ連動型広告、行動ターゲティング広告、位置連動型広告といったものである。こうした広告には、B 利用者にとって大きなメリットがあるが、デメリットも少なくない。

3 「デメリット」について、**【資料Ⅲ】**の調査を見てみよう。**【資料Ⅰ】**は、インターネット上にさまざまな形で蓄積された個人に関する情報（パーソナルデータ）を利用する広告やサービスについて論じているが、**【資料Ⅲ】**では、「企業が消費者のパーソナルデータ（個人に関わるさまざまな情報）を利用していること」について、全体の48・9％の人が「知っており、不快である」と回答している。「知らなかったので、不快である」を合わせれば、約7割の人が「不快である」と感じているのである。

4 では、人びとはどのような「デメリット」を感じているのだろうか。**【資料Ⅲ】**には「パーソナルデータを活用したサービスについて利用したくない理由」に関する調査も示されている。（　※　）**【資料Ⅱ】**で述べられた「メリット」を求めない人もいるということだ。それはどういうことなのだろうか。

5 いろいろな理由があろうが、私は次のように考えてみた。**【資料Ⅱ】**の筆者は、原典の**【資料Ⅱ】**の箇所より後の部分で、ある社会学者の論を借りて「ユビキタス／ビッグデータ的な情報環境が常に『わたし』に最適化された情報を与えてくれるとき、そこでは逆に、それ以外の選択肢がありえたことが忘れ去られてしまうのではないか」という問いを投げかけている。こうしたことに問題意識を持った人は、パーソナルデータを活用したサービスに対する抵抗感を覚えるのではないだろうか。

問1 【下書き】の傍線部A「位置連動型広告」について、【資料Ⅰ】の空欄 X には「位置連動型広告」についての説明が入る。どのような内容が入ると考えられるか。入るものとして最も適当だと考えられるものを、次の①～⑤のうちから一つ選べ。

① ウェブページの内容だけでなく、画面上のどの位置に表示されるかまで考えて最も効果的に広告を出すもの。
② Google Map などの位置情報サービスや、GPS機能を内蔵したスマートフォンの普及によって可能になったもの。
③ インターネットの地図情報と連動し、スマートフォンなどを通じてユーザーの現在位置を絶えず通知するもの。
④ ユーザーが広告を見て検索した店や施設などの所在地を、画面上の地図でわかりやすく知らせるもの。
⑤ 利用端末の位置情報をもとに、ユーザーが現在いる場所に即した広告をリアルタイムで表示するもの。

□

問2 【下書き】の傍線部B「利用者にとって大きなメリットがあるが、デメリットも少なくない」の「メリット」「デメリット」について、【資料Ⅱ】を参照して具体的に説明するとすれば、どのようになると考えられるか。その説明として最も適当なものを、次の①～⑤のうちから一つ選べ。

① 不特定多数の人々に広く情報提供がなされるメリットがあるが、プライバシーがある種の監視下に置かれるデメリットもある。
② 各個人の必要に応じた的確な情報を得られるメリットがあるが、個人情報の扱いに不安が生じるデメリットもある。

③ 情報がピンポイントで届けられるというメリットがあるが、個人のプライバシーが公開されてしまうというデメリットもある。
④ ビッグデータの収集と活用が可能になるメリットがあるが、利用者の不安を完全に取り除くことが困難だというデメリットがある。
⑤ 個人の受け取る情報の量が飛躍的に増大するメリットがあるが、処理しきれずに消化不良を起こしてしまうデメリットがある。

問3 **【下書き】**の空欄〔 ※ 〕にはどのような内容が入ると考えられるか。入るものとして最も適当だと考えられるものを、次の①〜⑤のうちから一つ選べ。

① **【資料Ⅱ】**で述べられた「デメリット」を挙げている人もたしかに多いが、他の理由を挙げる人も少なくない。その中で私が注目したいのは「自分の情報を知られたくないから」という理由である。
② **【資料Ⅱ】**で述べられた「デメリット」を挙げている人はかなり少なく、他の理由を挙げる人の方が多い。その中で私が注目したいのは「自分の情報を知られたくないから」という理由である。
③ **【資料Ⅱ】**で述べられた「デメリット」を挙げている人もたしかに多いが、他の理由を挙げる人も少なくない。その中で私が注目したいのは「サービスに魅力を感じないから」という理由である。
④ **【資料Ⅱ】**で述べられた「デメリット」を挙げている人もたしかに多いが、他の理由を挙げる人も少なくない。その中で私が注目したいのは「代替サービスで満足しているから」という理由である。
⑤ **【資料Ⅱ】**で述べられた「デメリット」を挙げている人はかなり少なく、他の理由を挙げる人の方が多い。その中で私が注目したいのは「サービスに魅力を感じないから」という理由である。

問4　Sさんは、【下書き】を読み直して、いくつかの改善点を考えた。これについて、次の(i)・(ii)の問いに答えよ。

(i)　Sさんは、【下書き】のある段落とある段落の間に【資料Ⅲ】の図2に言及する段落を書き加えたいと考えた。Sさんが書き加える段落で指摘したいと考えた内容を次のa〜fから、書き加える段落を入れる箇所を次のw〜zからそれぞれ選び、その組合せとして最も適当なものを、後の①〜⑨のうちから一つ選べ。

a　「商品レコメンドサービス」の「是非利用したい」「どちらかと言えば利用したい」を合わせた割合が約3割にとどまっていること

b　「商品レコメンドサービス」の「どちらかと言えば利用したくない」「利用したくない」を合わせた割合が6割5分を超えていること

c　「商品レコメンドサービス」の『どちらかと言えば利用したい」「利用したくない」の割合がともに約3割であること

d　「人材マッチングサービス」の「是非利用したい」「どちらかと言えば利用したい」を合わせた割合が約2割にとどまっていること

e　「人材マッチングサービス」の「どちらかと言えば利用したくない」「利用したくない」の割合がともに約4割であること

f　「人材マッチングサービス」の「どちらかと言えば利用したい」「どちらかと言えば利用したくない」を合わせた割合が6割近くであること

w　[1]段落と[2]段落の間
x　[2]段落と[3]段落の間
y　[3]段落と[4]段落の間
z　[4]段落と[5]段落の間

① a・w　② a・x　③ b・y
④ b・z　⑤ c・y　⑥ d・x
⑦ d・z　⑧ e・y　⑨ f・z

［　　］

(ii) Sさんは、**【下書き】**の末尾に、**【資料Ⅱ】**の波線部「街のどこにいても、たとえば『この先にあなたの好きそうなカフェがありますよ』といった情報を提供できるようになる」という具体例をもとにした文を書き加えたいと考えた。それはどのような内容になると考えられるか。それを説明した次の文の空欄［　］に入るものとして最も適当なものを、後の①～④のうちから一つ選べ。

波線部のような情報提供は、［　　　　］

① 検索した言葉や閲覧したコンテンツなどのデータと連動して、「あなたの好きそうなカフェ」について複数の広告主がリアルタイムオークションを行う仕組みで可能になる。そのことで、知らず知らずのうちに広告

業界のマーケティング戦略に巻き込まれ、プライバシーを軽視した利益追求に加担してしまうおそれがある。

② 自分の行動履歴や購買履歴が記録され、似た属性を持つ人々の傾向分析に基づき「あなたの好きそうなカフェ」が導き出されるという仕組みで可能になる。そのことで、カフェに入ることが自分の意志による自由な行動とは呼べないものになったり、従来の好みとは違うカフェと出会う機会が失われたりするおそれがある。

③ 人々の行動履歴や購買履歴に関して、年代・性別、購入した商品、購入した日時・場所といったデータが記録され、その分析に基づき「あなたの好きそうなカフェ」を推定するという仕組みで可能になる。そのことで、該当する多くのカフェの情報が次々と送られて来て、かえって選択不能の状態に陥ってしまうおそれがある。

④ 人々の検索データやコンテンツ利用データ、行動履歴や購買履歴などを集積したビッグデータを、街の至るところに設置されたセンサーで読み取り「あなたの好きそうなカフェ」が選択される仕組みで可能になる。そのことで、好みには合うが価格や立地には必ずしも満足できないといった店を押しつけられるおそれがある。

大学入学

別冊
解答

共通テスト
現代文
実戦対策問題集

改訂版

旺文社

目次

1 『デザインド・リアリティ』　有元典文《ありもとのりふみ》・岡部大介《おかべだいすけ》

予想問題〈センター試験〈本試験〉改〉

問題 ▼本冊10ページ

解答（配点45点）

問1	(ア) ② (イ) ③ (ウ) ④ (エ) ④	各2点
問2	②	6点
問3	③	6点
問4	①	8点
問5	④	6点
問6	(i) ② (ii) ③	(i)4点、(ii)7点
		45点

問題の概要

現代文問題全般の基本となる〈論理的文章の読解・解答〉の方法を学ぶ。文脈に即した解釈、同内容関係・対比関係の把握といった読解・解答の基本事項に加え、（共通テストの特徴である）〈複数の文章・資料の比較・統合〉〈生徒の学習場面〉の設問の練習も行う。

難易度は、問5が〈難〉、問4・問6(i)・(ii)が〈やや難〉、他は〈標準〉。

文章・資料

〈本文〉　人間を**〈現実をデザインする〉存在**とみなし、**社会や文化と不可分のものとしてこころを捉える「文化心理学」の必要性**を論じた文章（以下、各形式段落を1〜19で示す）。環境はそれ自体としては多義的であり、**人間の行為が環境を特定の意味をもつものとして形づくる**（1〜6）。事物のあり方は扱われ方、知覚のされ方（アフォーダンス）の情報を含んでおり、その変化は人間のふるまいやこころをも変化させる。**人間は自らの活動のために環境を加工し、新しい秩序を生み出し（＝デザイン）現実に対する知覚を変える**（7〜15）。そうした文化的、歴史的に**「デザインされた現実」**を生きることが人間の基本的条件であり、それを脱した「なまの現実」や「原行為」「原心理」などは想定できない。以上の認識に立ち、**人工物によって媒介された社会文化と不可分のものとしてこころの現象を記述する「文化心理学」としての「心′理学」が必要である**（16〜19）。

〈問6の【資料】〉　人工物による人間行動の無意識的制御について述べた文章。従来の柵や立札などと異なり、近年では、座った人が自然に足を投げ出さなくなるよう座席の角度を設計するというふうに、**かつては個人の意思・モラルに依存していた行為変容を物理的制約により制御する手法**が登場しており、**人々が知らず知らず自由を制約されている**という事態が生じている。

問1 漢字の設問

設問のねらい

文脈に即して正しい漢字を用いることができるかどうかを問う設問。(イ)のような**〈訓⇔音〉の読み替え**、(ア)①③や(イ)②④のような**同音異義語の使い分け**(ここではいずれも正解ではないが)も問われやすい。

(ア)は「意匠」で、①高尚、②巨匠、③交渉、④昇格。
(イ)は「踏(み)」で、①急騰、②登記(=権利等に関する事項を公示するため帳簿に記録すること)、③踏襲(=そのまま受け継ぐこと)、④陶器。
(ウ)は「乾(いた)」で、①歓迎、②果敢、③干拓、④乾電池。
(エ)は「摂理」(=自然界を支配する理法)で、①折衝、②窃盗、③雪辱(=恥をそそぐこと。特に、勝負に負けた恥を次に勝つことでそそぐこと)、④摂取。

問2 傍線部の理由を説明する設問

設問のねらい

傍線部A「不変……とは言いにくい」だけではさまざまな意味に解釈できてしまう箇所。**前後の内容とのつながりをおさえ〈文脈の中での意味内容〉を捉える力**が試されている。

傍線部Aの「不変な実在とは言いにくい」は、直前「世界は多義的でその意味と価値はたくさんの解釈に開かれ……一意に定まらない」という論旨の**具体例**として、「講義」は「多様な捉え方が可能」だ([3]半ば)と述べたもの(a)。また、[4]「授業者の宣言は授業の意味を変える……授業のもつ多義性をしぼり込む」を裏返せば〈授業者の宣言がなければ、講義は多義性をもったままだ〉といえる(b)。以上a・bに合致する②が正解。傍線部Aの「不変……とは言いにくい」は、①「容易に変化」、⑤「常に変化」という趣旨ではない。「変化」する前の段階では〈多様な意味や価値がありうる〉ことを述べたものである(先のa)。③「意図的な工夫」とは限らない([4]半ば参照)。④「多義性をしぼり込まれることによって初めて有益な存在となる」とは本文では述べられていない(「しぼり込まれる」前の段階([3])でも「問題解決のヒントとなりうる」とある)。

解法のポイント

・現代文の正解とは原則的に〈設問で問われていること〉について〈本文でどう説明されているか〉に基づくもの。③④のように〈本文で述べられていることに反する／述べられていない〉ものや、①⑤のように〈その設問で問われていることとは異なる〉ものは正解にならないことを強く意識しよう。

・傍線部を、その表現だけ見て勝手に解釈するのでなく、前後の内容とのつながり（＝文脈）を捉え、〈ここではこういう意味内容だ〉というふうに理解して解答することを心掛けよう。

問3　傍線部の理由を説明する設問

設問のねらい

「デザインということば」を「**ひとのふるまいと世界のあらわれ**」についても用いる[5]筆者が、[14]までの説明をまとめて[15]で「**人間が『デザインした現実』**」と述べる。それを「このこと」と指示語でうけたのが傍線部B。つまり、前部の読解を踏まえ〈現実をデザインする〉という筆者独特の用語法を本文の論旨に沿って理解できているか、を問う設問である。

傍線部B「**このこと**」の**指示内容**は、前の「現実は……文化から生み出され……た人工物に媒介された（a）……世界」「レディメイドな（＝既製品の）世界ではない（b）……文化的実践によって……自分たちの身の丈に合わせて（c）あつらえられた……オーダーメイドな（＝注文によって作られた）（d）現実……『デザインした現実』を知覚し、生きてきた」。③「現実は、自分たちが生きやすいように（c、[14]の「ビーチサンダル」の例なども参照）既存の秩序を改変してきた（b・d）、人間の文化的実践（c）によって生み出された場（a）」は以上に合致。そして「このことは人間を記述し理解していく上で、大変重要なことだ」というのだから、③後半「人間を記述し理解する際には、自分たちの生きる環境に手を加え続けてきた人間の営為（先のa～d）をふまえることが重要」も適切。正解は③。

①「現実は……常に工夫される前の……これから加工すべき状態とみなされる」は先のa・dと逆。②は[14]の具体例のみに依拠したもので、「現実」全般を（例えば[10]～[13]の例まで）カバーしたものとはいえないし、②「自然の……変化」ではなく、「自然の摂理が創り上げた運命」を人間の側が「変化」させるのである。④は「特定の集団が……」「万人にとって……ではなく」が本文でいわれていないこと。⑤は「人工物を……デザイン」「デザインによって人工物を……」と「デザイン」を〈物のデザイン〉のみに限定しているのが、〈現実そのものの加工・改変〉を「デザイン」と呼ぶ本文の趣旨と異なる。

解法のポイント

・傍線部やその前後の指示語の指示内容を捉え、解答のヒントをつかむ。
・本文中で、ある言葉が通常と異なる特別な意味で用いられている場合、読解時に意識しておき、解答の際にも注意する。

問4　傍線部の趣旨を説明する設問

設問のねらい

〈心′理学〉という筆者独特の用語法について、〈心理学〉との違い（対比関係）を読み取る形で理解できたかを問う設問。また、〈長い選択肢の吟味のしかた〉も試されている。

傍線部C「心′理学」の「′」は、〈A→A′〉のように〈類似した別のもの〉を示す記号。本文では、18「人間は環境を徹底的にデザインし続け……『環′境（かんきょうダッシュ）』を生きている。それが人間の基本的条件」である（a）のに、これまでの「心理学」はそれに「無自覚」（b）だった（18）ので、〈心理学→心′理学〉という進展が「必要」だ（19）ということである。19には「現実をデザインするという特質が、人間にとって本質的で基本的な条件」（先のa）、「これまで心理学が対象としてきた……現象は、文化歴史的条件と不可分（＝分けられない）の一体である『心′理学』（c）として再記述……」と〈心理学→心′理学〉についての説明があり、「この『心′理学』は……『文化心理学』……人間を文化と深く入り交じった集合体の一部であると捉える（c）」と続く（裏返していえば、これまでの「心理学」は〈人間を文化と入り交じった集合体の一部と捉えていなかった〉ことになる（d））。〈これまでの心理学〉（b・d）と、「心′理学」（a・c）が**対比されている**のである。以上a～dに合致する①「人間が文化歴史的条件と分離不可能であることに自覚的ではない心理学（b・d）は、私たちのこころの現象を捉えるには不十分であり（b）、自らがデザインした環境の影響を受け続ける人間の心理を基本的条件とし（a）、そのような文化と心理とを一体として考える『心′理学』が必要（c）」が正解。

②は『心′理学』の説明の中核である先のcがないし、「人工物化された新たな環境」が、〈人間の環境は最初から人工物化されている〉という本文の論旨（17「人間になまの現実はなく……」参照）からズレている。③は「心′理学」を「記憶」の「研究」のみと捉えているのがおかしいし、「動物」の「環境」が「価値中立的」だとする点、「動物実験で得られた動物の『記憶』」云々《うんぬん》も本文で述べられていないことである。

④は選択肢前半はよいが、後半がおかしい。「デフォルト」は「初期設定」（注5）の意だから、「デフォルトの環境デザイン」とは、「原行為」の場として想定されてきたような（初期の）「環境」も〈すでに「文化歴史的に」デザインされた環境だ〉という趣旨を述べた表現。したがって、このことのみを取り上げたのでは「心′理学」の説明として部分的すぎる（c参照）。また、そもそも④「デフォルトの環境デザインに対応」するのは、④「心性」ではなく「行′為」である（17）。

⑤は選択肢後半はよいが、前半が先のb・dをおさえておらず、〈これまでの心理学〉に関する本文の論点からズレている。

解法のポイント

・本文で対比された事項は〈どの記述がどちら側の説明か〉を意識して読み、解答の際に両者を混同しないよう注意する。

・長い選択肢は、〈ここまではよいが、ここからが×〉というように、〈部分にしかけられた誤り〉に注意しながら本文と照合し吟味する。

問5 表現の働きを問う設問

設問のねらい

表現の働きを問う設問。本文の内容自体の理解に加え、書き手の意図・読み手への効果といった視点で文章を捉える力が試される。

④「私たちはこうした～考える。」の「私たち」は、直後「環境の加工を、デザインということばで表そうと思う」からわかるように〈筆者たち〉。一方、④「～、私たちは繰り返してきたのだ。」の「私たち」は、「自然を人工物化……再人工物化」とあるとおり、15「人間の文化と歴史」を作ってきた〈人間全般〉。したがって、これらを④「両方とも……」と同じものとして扱うのは誤り。前者は④「筆者と読者とを一体化」というよりは、〈筆者たちが読者に自分たちの考えを説く〉文脈である。④が「**適当でないもの**」つまり正解。

①の「会話文」には2～4で「状況説明」が「加え」られている。〈現実のデザイン〉という本文の話題の事例だから「読者を話題に誘導し……」も適切。②の「講義」は、声＝音波＝「空気のふるえ」(3)だから、②「音声の物理的な現象面に……」も適切。③は、まず「新しい古典」という表現自体の説明として「発表後それほどの時間を経過していない（＝新しい）が、その分野で広く参照され、今後も読み継がれていくような書物（＝古典）」は適切。筆者がその中に「デザイン」の「定義」を見つけようとして「探し」た書物(6)であることから、「その分野で広く参照され」る書物なのだろうという推測も成り立つ。「古典」は〈時代をこえて文献的価値をもつ書物〉に対しても使われる言葉である。**③は④に比べればより妥当性が高く、適切だといえる。**

解法のポイント

表現問題では〈選択肢だけ見るとそれなりにもっともらしい〉誤答が多いので、あやしいものは本文の該当箇所に戻って確かめよう。また、判断に迷うものも少なくないので、選択肢どうしを比較し〈より妥当性が高い／低い〉という視点で選ぶ姿勢も必要である。

問6 本文と別の文章に関する〈生徒作成の図〉の空欄を補う設問

設問のねらい

〈生徒の学習場面の想定〉〈複数テクストの比較・統合〉〈応用的・発展的思考〉の設問。本文や資料それぞれの的確な読解に加え、設問要求に沿って応用的・発展的に考える力が試される。

(i) **【メモ】**はまず、本文16「**あるモノ・コトのデザインによって変化した行為**を『行為（こういダッシュ）』と呼ぶ」の例（16後半）の一つ、「**台所ブーツ**」で「破片を恐れずに歩」けるようになる、を取り上げ、これと重ねて、**【資料】**の「**新型車両の座席**」の「**デザイン**」**によって変化した**〈「マナー」の守り方〉を「『モラル』とでも言うべきもの」と記している。**【資料】**3（以下、各形式段落を1〜4で示す）に「**座る面が……九度、上向きになっている**。**これによって**、座った人は自然にかかとを引く姿勢にな」り、「マナー違反」が「制御」されるとあり、「貼り紙によって、個人の意思、モラルに依存した行為変容を求めるの**でない**」とある。逆に言えば、「新型」導入前の「通常の座席」（**【メモ】**空欄X）では〈「個人の意思」によってマナーを守ることを求めていた〉ことになる。正解は②。「自然にかかとを引く」の反対だから②「意識して」、「強制的に……守らせる」（**【資料】**3後半）の反対だから②「自ら心がける主体的な」となる。①は**【資料】**3後半、③は**【資料】**4の内容で、いずれも「新型車両」側。④「規則によって罰する」は**【資料】**の趣旨と無関係。かりに〈「立ち入り禁止」や〉「貼り紙」を「規則」ととったとしても、それにより「罰する」のではなく「個人の意思」に訴える、というのが**【資料】**の趣旨である。

(ii) 空欄Yは「モラル」からの矢印の先にあり、「モラル」について「●本文と**【資料】**から考えたこと」として妥当なものが入ることになる。(i)で見たように、これは本文16の〈**あるモノ・コトのデザインによって変化した行為**〉の例であり（a）、具体的には**【資料】**の〈「**新型車両の座席**」の「**デザイン**」**によって変化した**「マナー」の守り方〉（b）である。したがって〈a・bに関する本文と**【資料】**の記述に即して「考えたこと」として妥当なもの〉が正解になる。③は、前半が**【資料】**の〈座席のデザインにより自然にかかとを引かせてマナーを守らせる〉という内容を、本文の語句で適切に言い換えたもの（「環境のデザイン（18など）によって人間のふるまいを変化させ（12・16など）、新しい秩序をもたらすもの（14など）」）、後半は**【資料】**の「個人の意思……でない」「マイルドな仕方で強制」（3）、「設計を通じて、人間の自由に制約……ただ、ユーザーは……はっきり理解しているとは限らない」（4）に合致する。本文は「環境のデザイン」のマイナス面には触れていないが、「Sさん」は**【資料】**をあわせ読むことで③「危うさ」の面を「考えた」ということである。③が正解。①「環境のもつ多義性をしぼり込み」は本文3・4の内容だが、この設問で求められている〈座席デザインによるマナーの制御〉の説明としては焦点がぼやけており、③に比べて「最も適当なもの」とはいえないし、【資料】3・4の論点をおさえたものになっていない。①後半も、【資料】3・4の論点をおさえたものになっていない。②は本文の内容のみに終始しており、【資料】の論点である〈人間の自由の制約〉に触れていないため、「●本文と【資料】から考えたこと」という設問要求に応えていない。④「すべての人がその設計意図を明確に理解できるわけではないため、効果は限定的」だと〈設計意図を理解していなければ効果がない〉ことになり、〈設計意図を理解していなくても「自然にかかとを引く」ことになる〉という【資料】の内容とは反対になってしまう。

解法のポイント

〈生徒の学習場面を想定した設問〉では、本文・資料の読解に加え、メモ・会話などで設定された〈生徒の考えの方向・文脈〉を踏まえて解答する必要がある。また、通常の読解設問と異なり〈本文・資料に直接書かれてはいないが、それらをもとに導いた発展的・応用的思考〉について判断する設問が出題されうる。この場合、❶話題や事例などの〈表面的な違い〉でなく、〈論の方向性〉や中心的な要素において本文に合うもの（○）か、反するもの・無関係なもの（×）か　❷本文（や資料など）の内容から論理的に導き出せる妥当性の高いもの（○）か、そうではない妥当性の低いもの（×）か　といった観点で判断していくことになる。

2

「運動する認識」　北垣徹《きたがきとおる》

予想問題（センター試験〈追試験〉改）

問題 ▼本冊24ページ

解答（配点45点）

問1	(ア) ②	(イ) ②	(ウ) ④	各2点
	(エ) ④	(オ) ③		
問2	①			7点
問3	④			7点
問4	⑤			7点
問5	(i) ④	(ii) ②	(iii) ①	(i)(ii)各4点、(iii)6点

／45点

問題の概要

やや硬質な評論文を素材として、論理的文章編**1**で学んだ〈論理的文章の読解法〉の確認と定着を図る。また、〈生徒の学習場面〉の設問の出題パターンとして〈本文の内容を整理した図表〉〈本文をもとにした生徒の対話〉という形式の練習も行う。

難易度は、問5(i)・(ii)が〈やや難〉、他は〈標準〉。ただし、本文は論理的文章編**1**に比べ〈やや難〉なので、全体としての難易度は論理的文章編**1**より高い。

文章・資料

近代になって生じた「**認識**」の捉え方の変化を論じた文章（以下、各形式段落を1～13で示す）。〈**認識のためには不動の視点と土台が必要だ**〉と考えられがちだが（1～3）、「**運動する認識**」というものがあるのではないか（4）。「一九世紀の生理学的心理学」は〈**認識を支えるのは（例えば眼球の運動のように）「運動する何か」だ**〉と考えるようになった（5・6）が、実際、移動する対象を捉えるには、視点が対象を追って動かねばならないというように「**安定した視点の基盤を保持するためにこそ、あえて動かなければならない**」（7）ということがある。こうした見方は、「**対象が固定しており、認識が安定した基盤に支えられていた**」時代ではなく「**変化を常態とし、あらゆる対象が絶えず動き続ける近代**」になって意識されるようになったものであり（8）、そこに「**認識の基盤**」を問い、「**認識を認識しようとする**」姿勢が生じた（8・9）。そこから〈**認識は身体に根ざしている**〉（10）という見方が出てくる。かつては「幻影」だとされた「身体の内側だけで生じる」視覚の存在が、むしろ〈**身体が認識を生み出す**〉という見方を促す（11・12）。**認識が「神による」「真理の認識」**であり「受動的なもの」であった時代から、認識は「人間」が「身体」や「メディア」（さらには身体というメディア）を通じて「つくり出す」「能動的なもの」だとする時代への変化が生じたのである（11～13）。

問1 漢字の設問

(ア)は「切断」で、①祭壇、②間断、③歓談、④大団円（＝小説や劇などの最後の（めでたく解決がつく）場面）。カタカナだけ見て①をうっかり〈裁断〉などと考えてしまわないよう注意。

(イ)は「貫（く）」で、①喚起、②裸一貫（＝自分の体の他に資本となるものが何もないこと）、③肝心（腎）、④遺憾（＝残念）。

(ウ)は「微少」で、①美観、②白眉（＝同類の中で最もすぐれていること）、③首尾、④機微。

(エ)は「疾走」で、①叱責、②執筆、③嫉妬、④疾患。

(オ)は「滑（らか）」で、①一括、②管轄、③滑落、④渇望。

問2 傍線部の内容を説明する設問

設問のねらい

対比を軸にして本文を整理し、その内容を傍線部と対応させて理解する力を試す設問である。

傍線部Aの前部で「安定した視点」の「土台」としての「足」（1・2）（a1）、「認識」の「支え」としての「安定・固定・不動・不変のようなイメージ」の「腹や腰」（3）について述べた後、4で「運動が認識を可能にする」「その場合、支えとなるのは、腹や腰（b）ではなく、足（a）だ」として、「二足歩行によって……高い視点が確保」「歩くこと、ないしは走ることによって、視点を高く保ったまま、自在に移動することができる……移動する視点」（a2）と続く箇所。〈bではなくa1・a2〉の形の①が正解。

②は「キャメラ」の「三脚」（2）（a1）のみでa2が不足。③は「比喩とみなすこと」によって「運動によって認識が可能になる」といっていることになるのがおかしい（「認識」は〈実際に移動することによって〉可能になるのである）。④はbを「心理の不動性」としているのが不適切（ここでの「不動の視点」は1・2のような〈実際にものを見る視点〉の不動性を含んでいる）。⑤は「水平」「垂直」の対比になっているのが本文と無関係。

解法のポイント

本文読解の際に、何と何が対比され、どことどこが同内容のくり返しか、といったことに注意して本文を整理しながら読み、それを傍線部と対応させて、解答のヒントをつかむ。

問3　傍線部の具体例に当たるものを選ぶ設問

設問のねらい

本文の論旨をつかみ、それに合致する「本文中とは別の具体例」を選ぶ設問。**選択肢中の〈最適のものを選ぶ〉力**も試される。

傍線部B「**安定した視点**を得るためには、逆に**動かなければならない**」は、直後から「**対象自体が動く**（a）……それを**安定的に捉える**（b）には……運動が必要になる（c）」「**対象が動く**（a）のであれば、**視点もそれを追って**（b）**動く**（c）」といったことだと説明され、「疾走する馬や車（a）を捉える（b）ために、キャメラは……レールの上を滑らかに運動しながら（c）、撮影」という例が挙げられている。つまり〈**動く対象**（a）**を追いかけながら捉える**（b）**には視点も動かなければならない**（c）〉ということである。これに合致する④「スカイダイビング中の人（a）を撮影するために……カメラマン自身も被写体と並んで（b）空中をダイビングしながら（c）撮影する」が正解。

①は、「動く」のが撮影者だけで、「対象」（「冬の静かな街並み」）は動いていない。②は「撮影」の「角度」のためにカメラの「レンズの向きを変え」るという話、③は〈いつどこでも撮影できるようにする〉という話で、〈動くものを追って〉カメラも動く〉というところに焦点が当たっていない。⑤はaはよいが、「**躍動感**を捉えるために……超高速撮影が可能なカメラで」では〈一秒当たりの撮影コマ数を増やして**滑らかな動きに見えるようにする**〉といったことであり、先のbやcとは違う話になってしまっている。

解法のポイント

正解に必要な要素が複数ある場合、それらをすべて（あるいは〈より多く〉）満たしているものを選ぶ。

問4　傍線部の趣旨を説明する設問

設問のねらい

10〜13の論旨を踏まえて傍線部を理解する設問。日常レベルを超えた硬質な評論の叙述をきちんと追っていけるかが問われる。

10から「**認識**とは何よりも、**身体に深く根ざしている**」（a）という思想動向が論じられる。11では「**視覚**」が「外界からの光」によるものでなく、「殴打」（で〈目から火が出る〉ような感覚）などや「網膜残像」などで「**身体の内側だけで生じる**」（a）場合が述べられ、12でそうした感覚から「**人間の身体**」（a）が「**認識を生み出す**」（b）という見方が生じたこと、13ではさらに「**メディア**」という要素が加わって「**認識**とは、何らかの**媒体**《メディア》を通じて（c）、**世界を写し取り**、**つくり出す**（b）こと」だという見方が生じたと述べる（「認識」とは、「**世界**」**を**「鏡」（13）のように〈ありのままに写し出す〉のではなく、人間の「内側」（11）に〈イメージ〉として「**つ**

くり出」していく（b）ことだ、という見方である）。そして、これを象徴するのが**「写真機や幻灯機……映画」**といった「**視覚的メディア**」（c）だと述べ、その例として「映画」は「細切れの映像を次々に写し出」し、「人間の眼が**網膜残像**（a）を**つくり出す**ことで、連続した運動の認識が**生まれる**（b）」（フィルムのコマはあくまで静止画像で、各コマの間にはほんのわずかずつ断絶があり、それ自体〈連続した運動〉ではない。その断絶を「網膜残像」が補うことで〈連続した運動〉が**人間の（脳）内にはじめて「つくり出され」る**（b））、「映画という**媒体**（c）と**身体**（a）が接続されて、**認識が生まれる**（b）」と述べている。こうした見方を述べたのが「**メディア**（c）が、**視覚を生み出し、認識をもたらす**（b）。そしてその基盤には、人間の**身体**（a）がある」である。以上に合致する⑤「……視覚的メディア（c）が、人間の身体機能や残像現象と結びつく（a）ことで、それまでになかった新たな映像を作り出し、その新しい映像を通じて人々がそれ以前とは異なる世界像を見いだしていく（b）」が正解（「新たな映像」とはたとえば映画という〈動く映像〉など）。

①は「視覚的メディア」と「人間」との優劣関係に焦点が当たっている点で、本文の論点と無関係。②「精緻な画像」というだけではないし、②「人間が自己の視覚能力に**疑問**を持つようになり」もおかしい（「網膜残像」などを「**幻影**」だと考えていたのはむしろ「かつて」の人間である ⑫）。③「人間の身体を平面上に映し出し……肉体が客観的な対象として把握されるようになり」、④「身体を縮小化……意識と身体とのバランスが崩れ……心身の均衡が保たれることの重要性を……」も本文の内容と無関係である。

解法のポイント

誤答はいずれも、〈視覚的メディアと生身の身体についての**常識的理解**〉にもとづくもの。通念的な先入観をもとに勝手に考えるのではなく、**本文の叙述をきちんと追い**、〈**この文章ではこう言われている**〉という正確な理解にもとづいて解答することを心がけよう。

問5 本文に関する〈生徒作成の表〉〈生徒の対話〉の空欄を補う設問

設問のねらい

論理的文章編1の問6に続く〈生徒の学習場面〉の設問。共通テスト本番では多様な形式の出題があるので、こちらは〈表〉と〈対話〉の組合せとした。**文章や図表の内容を的確な表現で言い換える力**が問われる。

【対話】の最初で、**【表】**は「本文の前半と後半でそれぞれ中心的に論じられていることを、**自分なりに整理して**表にしてみた」「**直接書かれていないことを自分なりに考えて補ったりもしながらまとめた**」と述べられている。この点に注意して見ていこう。

(i) 空欄Ⅰには、**【表】**中の「**世界を写す鏡**」について「**言葉**

を補って明確な言い方に」というCさんに応じて、Bさんが考えた「言い方」が入る。「世界を写す鏡」は本文の13「鏡に世界が写される」を踏まえた表現で、**【表】**を見たBさんは、13「細切れの映像を次々に写し出せば、人間の眼が網膜残像をつくり出すことで、連続した運動の認識が生まれる。それが**映画**」と「対比になるもの」だという趣旨のことを述べている。この「つくり出す」「生まれる」は12「認識を受け取るものではなく、認識をつくり出す」「受動的なものから能動的なものへ」をうけたもの（**問4**でも解説したとおり、一つ一つは静止画像であるフィルムのコマが連続して写されることで、〈連続した運動〉が人間の（脳）内にはじめて「つくり出され」る、ということ）だから、その反対の「**鏡**に世界が写される」は、（人間は世界を）12「受動的」に「受け取る」という認識モデルの象徴だと考えられる。そして、これは〈極端な場合11「外界の対象」とは「関係がない」形で人間の側がつくり出す「認識」〉の**反対**だから、〈「外界の対象」をそのまま受け止めるのが認識だ〉という認識モデルの象徴だということになる。正解は④。

13の「鏡」は「何らかの媒体《メディア》を通じて、世界を写し取り、つくり出すこと」と対比されているのだから、〈媒体を介して↔直接〉〈つくり出す↔ありのまま受け取る〉という対比の一方なのであって、①「すべて」か〈一部〉かという対比になっているのではない（つまり、この部分の論においては、傍線部C直後「細切れ」（との対比）に重点があるのではない）。②「左右反対に」ということに重点を置く根拠がない（これを強調すると〈そのまま直接に〉という方向性とはむしろズレてしまう）。**単に〈本文に出てくる〉だけの断片的な語句に引きずられるのではなく、対比や同内容のくり返しなどに注意して〈その部分の論の中心点〉をつかむようにしよう。**

③「静止」か〈移動〉かという対比は本文前半の論旨であって後半の論旨ではないから、13の「鏡」が象徴しているものとはいえない。**本文の論旨展開などにも注意し、〈その部分の論の中心〉かどうかも考えるようにしよう。**

(ii) 空欄Ⅱは、Aさんが〈**【表】**中の「※」のところに書く内容〉として考えているもの。Bさんが（**【表】**から）「『**神**による真理の認識』から変化した**近代の認識のあり方**を端的に表現」したもの、「11・12段落の『身体』や、13段落の『媒体《メディア》』を通した認識のこと」だと言い、Cさんはこれをうけて「身体のあり方が変われば**認識のあり方も違ってくる**……使うメディアが変われば**得られる認識も異なったものになる**」と述べ、「だから、Ⅱという感じかな」と述べている。つまり、〈「**神**」と**対比**されるもの（a）〉〈“**そのつど違う**”という意味になるもの（b）〉という二つの条件を満たすもの。②「人間（a）が生み出す相対的な（b）認識」が正解。「相対的」は、〈そのものだけで他に並ぶものがないさま＝絶対的〉の対義語で〈他との比較において存在する・**他に並ぶものがいくつもあるさま**〉である（つまりCさんは、「神」の方にも「これに合わせて」「言葉を足」し、〈神による絶対的な真理の認識〉とするといい、と述べているのである）。aは本文で述べられている内容（12「認識をつくり出す」など）だが、bは本文には明示されておらず、右に見た**【対話】**の文脈から導かれるもの。**〈本文の内容＋設問で設定された文脈〉の両方に着目しないと正解できない**、という設問である。

①は11や傍線部C直前「生理学的心理学……視覚的メディア」に引っ掛けた選択肢だが、「神」との対比としてバランスが悪いし、「**使うメディアが変われば**得られる認識も異なったものになると思う」を「だから」とうけて（これを理由にして）導き出されるものとはいえない。③④は「メディア」「身体」一方のみになってしまっているし、③「客観的」に「伝える」のは「つくり出す」のとは反対方向、④「普遍的」も「（それぞれ）異なったものになる」とは反対方向（むしろ「神」の側）。

(iii) 空欄Ⅲは B さんが「**こんなふうに話してみると**（a）、な**ぜこの『表』のような整理のしかた**（b）をしたかがわかってきたよ。Aさんは本文を読んで、[Ⅲ]が筆者の考えの背景にある、と考えたんだね」と述べたものだから、**ここまでの対話の内容**（a）と、**「表」の「整理のしかた」**（b）に沿っているものを選ぶ。まずbの「表」の「整理のしかた」を見てみると、上から**〈認識のあり方の変化〉**〈その（認識のあり方の）象徴となる道具や機械〉**〈時代の変化〉**であることがつかめるだろう。これに沿ってaの〈対話の内容〉を見てみると、空欄Ⅰに関わる部分は**〈認識のあり方〉**を象徴する「鏡」「映画」について、空欄Ⅱに関わる部分は**「神」の時代と「近代」との「認識のあり方」**についてのやりとりである（(i)・(ii)の解説を参照）。以上に合致する①が正解である。

②「精神から身体へ」は本文後半の内容を踏まえているといえなくもないが、少なくとも「表」はそのような内容にはなっていないのでbに合わないし、aにも（空欄Ⅱの前に「身体」とあるだけで）うまく対応しない。さらに②「精神から身体へ……が、映画をはじめとするメディア技術の進歩を促している」というのも、本文の論点が〈認識のあり方〉であることからズレている。③は全体として本文前半の内容しかカバーしておらず、「表」の内容全体を踏まえたものとはいえない（前の対話ともつながらないので、「こんなふうに話してみると……」からのつながりがおかしくなる）。④は本文後半のみの内容になってしまっているので（aはともかく、bとしては）適切でないし、本文の内容は「精神と身体のあり方についての人間の認識の変化」ではなく、強いていえば〈人間の認識が精神によるものか身体によるものかについての考え方の変化〉である。

解法のポイント

・単に**〈本文に出てくる〉**だけの断片的な語句に引きずられるのではなく、**対比や同内容のくり返し、本文の論旨展開などに注意して〈その部分の論の中心点〉をつかみ**、それを頭に置いて解答を考える。

・**対話・討論形式の問題**では、**本文の内容との一致不一致**に加えて、**対話の中で本文の論旨がどのように捉え直されているかや、対話の流れの中での話のつながり**にも注意する。

3 『よく考えるための哲学』細谷《ほそや》実《まこと》
『プラグマティズムの思想』魚津《うおづ》郁夫《いくお》

▼**解答**（配点45点）

問1						問2	問3	問4	問5			
(i)	(ア)	②	(イ)	④	各2点	⑤	②	③	(i)	④	(ii)	④
(ii)	(ウ)	④	(エ)	③	各2点	8点	7点	7点	(i)7点、(ii)8点			

45点

問題の概要

共通テストの評論の出題パターンの一つである【文章Ⅰ】【文章Ⅱ】型問題の読解を行う。評論読解の基本事項に加え、図表と本文の論旨との関連を考える設問、本文の記述から理由説明を組み立てる設問、本文にない具体例の選択肢について判断する設問、二つの文章を関連させて考える設問などの練習を行う。

問4と問5(i)・(ii)が〈やや難〉、他は〈標準〉。

文章・資料

【文章Ⅰ】人間の知識のあり方について論じた文章（以下、各形式段落を1〜13で示す）。**「自分にとって分かっていること」「他の誰かに分かっていること」「誰にも分かっていないこと」**という三つの要素を組み合わせることで生じる、〈**他の誰かには分かっているが、自分に分かっていないこと**〉2〜6、〈**自分には分かっているが、他の誰にも分かっていないこと**〉7〜9、〈**誰にも分かっていないこと**〉10・11といった領域に即して知識の諸相を論じた上で、〈**自分にも他の誰かにも分かっていること**〉を加えた四領域を図・表にして示している12・13。

【文章Ⅱ】科学的探究のあり方について論じた文章（以下、各形式段落を1〜4で示す）。前半では「腸チフス菌」の発見という事例を挙げつつ〈**従来の理論→それと矛盾する事例の発生→その事例をも説明しうるあらたな仮説→仮説の検証による問題の解決**〉という**科学的探究の過程**が説明され1・2、後半ではその〈従来の法則→例外→仮説→あたらしい法則・理論〉という過程3について、**「人間の有限性」**と**「つねに予測不可能な、前例のない」**ものが出現する**「世界」**のあり方ゆえに、**「普遍的な理論」**と思われるものにもいつか**「例外がで**

予想問題
問題 ▼本冊36ページ

ることはさけがたい」のであり、「科学の法則は**すべてたんなる仮説**であって……最終的なものはない」(4) と述べている。

問1 漢字の設問

(i) (ア)は「目下」で、①加(える)、②下(書き)、③仮、④過(ぎる)。

(イ)は「余白」で、①栄誉、②猶予、③預金、④窮余(=苦しまぎれ。追いつめられて困り切ったあげく)。

(ii) 過去に出題歴のある、傍線部と同じ意味の漢字を選ぶ設問。(ウ)の〈重なる〉の意の「重」は④重複。①重点の「重」は〈大切だ〉の意。②「重圧」、③「重罪」の「重」は〈重い・はなはだしい〉の意。

(エ)の〈生じる〉の意の「生」は③派生(=もとになるものから分かれて生じること)。①生計の「生」は〈くらし〉の意、②生還、④寄生の「生」は〈生きる〉の意。

問2 傍線部に関する内容合致の設問

設問のねらい

〈本文の論旨との一致不一致を問う設問〉。内容的には**〈通念・常識と異なる本文の論旨〉を的確に捉えられたかが問われる。**

傍線部A「分かっていることと分かっていないこと」は**【文章I】**全体を通じて説明されていること。**選択肢で述べられている内容を本文の対応する箇所と照合していこう。**

①「わずかな問題が生じた場合でもお手上げに」は[4]の「パソコン」が「分かっていない」とはっきり自覚している「僕」の例に基づくものだから、①「……曖昧なままにしている」場合だとするのは誤り。また、[6]に「誰かに頼めば……処理してもらえる」「無意味……には決してならない」とあるのだから、①「誰かに頼んで……ほかなくなってしまう」と、マイナスに捉えるのは誤り。

②「自分にとって分かっているものでなければ意味がないと言うことができる」は、[6]に反する。これは[5]に「……を言いだす人がいる」とあるように、筆者以外の人の意見である。

③前半は[7]に基づくものだが、筆者は「自分には分かっているが他の誰にも分かっていない知識」について「……にすぎない」とマイナスのものとして述べてはいない。また、③「たんなる空間的単位としての個人」は[8]で「自他の知識が同一であるような」「個人のプライバシーはない」状態を仮定した際の話であって、プライバシーを前提とした③前半と混同するのは誤り。

④の「ズレ」について、筆者は[8]で「こういうズレの可能性があるからこそ、プライバシーも成り立つ」とプラスに捉えているのであって、④のようにマイナスに捉えてはいない。

⑤「いずれ分かる可能性はあるが現時点では誰にも分かっていないこと」は[10]「目下研究者たちが解明すべく取り組んでいるような事柄」に当たり、⑤「人それぞれの答えはあるが万人にとって正しいといえる答えは決めがたいこと」は[11]

「『最高の善とは何か？』というような問いへの答え」について「『正解を知っている』と主張する人々はいる」＝〈それが答えだと誰もが認めるわけではない〉とあるのに当たる。そして、「そもそも人間には確かめようのないこと」は（たとえば）11 ⑤「『死後の世界はどうなっているか？』という問いへの答え」に当たる〈自分はこれを「確かめ」た＝〈死後の世界を見て来た〉という主張は、現在の社会では〈妄想〉とみなされる〉。正解は⑤。

解法のポイント

誤答①〜④は〈常識的には正しいように見えるが、本文の論旨とは異なる〉タイプの誤答。常識的通念で決めつけることなく、選択肢と本文の論旨とをきちんと照合して答えよう。

問3　図や表が示していることを把握する設問

設問のねらい

図表に関する設問。本文の論旨と図表とを関連させて理解する力が問われ、また、図と表との関連を把握する力も求められる。

「『自分……にとって分かっていること』（x）と、自分以外の『他の誰かに分かっていること』（y）」2、「以上の二つの『分かっていること』以外から成る集合は、『誰にも分かっていないこと』（z）」10をうけた12初めにあるように、**図**はx〜zの「**三つの区分**」を表したもの（a）。左円がx、右円がy、両方の外部がzで、その組合せで「自分にも他の誰かにも分かっていること」「自分には分かっているが、他の誰にも分かっていないこと」「他の誰かに分かっているが、自分に分かっていないこと」「自分にも他の誰かにも分かっていないこと」の**四領域**が生じる。「**図**」のこの四領域が、「**表**」の内容（b）。「**表**」はこの**四領域**が、「自分に分かっていること」「自分に分かっていないこと」「他の誰かに分かっていること」「他の誰かに分かっていないこと」の計**四要素**の組合せであることを示す（c）。以上a〜cに合致する②が正解。

①「線引きが曖昧な状態……線引きが明確になれば……」は、本文からも図表からも読み取れないこと。③は「『**表**』も……三つの要素をもとに」が、先のcに反する（「**表**」は「四要素」をもとにした「四領域」の説明である）。「知識に関わる人々の活動」を示しているわけでもない。④は〈領域の大小を示す図表だとした点が本文と異なる。**図**も**表**も、領域の種類を示しただけで、図や表の中の領域の面積によってその領域に含まれる事物が④「わずか」か否かを示しているのではない。

⑤は「『**表**』は両者（＝『自分に分かっていること』と『他の誰かに分かっていること』）が……相いれないものだと……」が誤り。「**表**」にも「自分にも他の誰かにも分かっていること」という項目はある。またそもそも⑤は「『図』は……という考え方……のに対し、『表』は……という考え方」と、両者が別の「考え方」についてのものであるような説明になっているのが、傍線部B「この図を表に書き換えると」に反する。

解法のポイント

①④は〈図表の〝見た目だけの印象〟で考えると選んでしまう可能性がある〉タイプの誤答。本文の説明のために図表があるのだから、両者を関連させて理解することが大切である。

問4 傍線部の理由を説明する設問

設問のねらい

傍線部に関する**本文中の記述をもとに**〈**理由説明**〉を組み立てられるかどうかを問う設問。

傍線部の前段落[3]で〈「従来の法則」にあてはまらない「例外」的事象について、それをも説明できるような「仮説」が考え出され「あたらしい法則……理論に到達する」〉という「近代科学」のあり方が説明され、[4]はこれをうけて、「あたらしい法則は、仮説として試行的に設定され」「多くの探究者によって検証され同意されるとき、**ひろくみとめられた理論**（a）となる」が、「**また後に例外がでることはさけがたい**」（b）と述べる。これに続くのが傍線部C「**ひろくみとめられた理論**も、依然として**仮説**にすぎない」である。続けて「私たちは、かならず**まちがい**をおかす（b）。それはたんに神ならぬ**人間の有限性**からくる（c）だけでなく、世界には、**つねに予測不可能な、前例のない、『新奇なもの（novelty）』が出現するから**（d）でもある」とある。つまり〈（現時点では）どれほど**正しく見える理論**（a）でも、**人間の力が有限であり**（c）、また**世界が予測不可能なものである以上**（d）、（やがて）「**例外**」が出現し「**まちがい**」だとされる（b）可能性はつねにある〉という考え方である。**その「『新奇なもの』の出現」を「創発」と言い換えたうえで**、筆者は段落末で「**ひろくみとめられた普遍的な理論**（a）**が前例のない出来事によってくずれる**（＝[1]「従来の……**理論**と、具体的な**事例**のあいだに」「**矛盾**」**が生じる**）（b）理由のひとつに、こうした『創発』がある……**科学の法則はすべてたんなる仮説**であって、科学法則に最終的なものはない」と傍線部Cの趣旨につなげている。以上a〜dに合致する③が正解である。

①は傍線部の前部の趣旨に合致しているが、これだけでは〈仮説をあたらしい理論にしていくのが科学的探究だ〉といっているだけで、その「あたらしい理論」が「依然として仮説にすぎない」ことの**理由にはならない**。②も〈どうすればひろくみとめられた理論になるか〉を説明しているだけで、それが「依然として仮説にすぎない」ことの**理由にはならない**。④は〈いまではひろくみとめられている理論ももともとは仮説だった〉といっているだけで、〈いまひろくみとめられている理論〉が「依然として（いまでも）仮説にすぎない」ことの**理由にはならない**。以上は〈**本文の内容に反してはいないが設問の答えにはなっていない**〉タイプの誤答。

⑤は〈実験や観察による検証が完了すれば仮説ではなくな

る〉といっていることになるので、**内容的に誤り**（検証後も〈予測不可能な例外〉が生じるかもしれないと考えるから、永遠に仮説（＝4末「科学の法則は**すべてたんなる仮説**」）なのである）。⑤は〈**一見設問の答えになっているが、本文の内容に反している**〉タイプの誤答。

解法のポイント

正解とは〈❶本文の内容に合致しており、かつ❷設問要求の答えになっている〉もの。❶❷二つの条件のうち、一方は満たしているが他方を満たしていない、という誤答に注意しよう。

問5 本文に関する〈生徒の書いた文章〉について、傍線部に関する具体例を考える設問、および空欄を補う設問

設問のねらい

(i)は本文の論旨を〈本文以外の〉具体例に適用する力を、(ii)は二つの文章の一方の趣旨をもう一方の話題に適用する力を試すもの。いずれも〈表面的には別の話題に見える二つのものの間の共通点をつかむ〉力を問うものである。

「Nさん」が【文章Ⅰ】で述べられた「『知識』のあり方」の分類を用いて、【文章Ⅱ】の「科学的探究」のあり方を捉えようとした文章である。これを頭に置いて、設問を見ていこう。

(i) 「誰にも分かっていないこと」とは、【文章Ⅰ】10に「目下研究者たちが解明すべく取り組んでいる」「未《いま》だ研究者がまったく手をつけてもいない」「分かっていないことであるのか何なのか、まったく見当もつかない」といった事柄（a）だとあり、11には「最高の善とは何か?」「死後の世界はどうなっているか?」などの問題（「『正解を知っている』と主張する人々はいる」が、「正解などない」もの）のこと（b）だと述べられている。

㋐は本文でいえば「自分に分かっていないこと」であり、「誰にも分かっていないこと」ではない。一方、㋐が主観的〈好み〉の問題で、個人の自由の範疇《はんちゅう》に属する（客観的「正解」はそもそも求められない）ことであるのに対し、㋑「どちらがすばらしい音楽であるか」は各人の価値判断に関わるもので、先の「最高の善とは何か?」に似たものだから、「『正解を知っている』と主張する人々はいる」が「（誰もが同意するような）正解などない」もの（b）だと判断できる。㋒は研究によりある程度客観的な「正解」がつきとめられるものであり、また「モーツァルトとベートーヴェン」に関する研究やその成果が、先のaのような状態だとは考えにくい。㋓は先のbに合致する。

以上から、㋑と㋓すなわち④が正解だと判断できる。

(ii) 論理的文章編**1**問6の解法のポイントを参照。空欄**X**は、前の内容をうけて「以上を参考にして、科学的探究の過程を【文章Ⅰ】のことばを用いて説明」したものだとあるので、まず空欄**X**の前段落の内容を見てみよう。

「**もともとは**『腸チフスは病人と直接接触することでうつる病気と**されてきた**』（a）が、これと**矛盾する**『病人との接触が

ないのに腸チフスと思われる**事例**があちらこちらに発生』する（b）。この『矛盾の意味（が**分からない**ので、それ）を発見』するために科学者は**探究**をはじめ、この病気は『原因となるものが、ミルクやマーケットの食品によってはこばれることから発生するのではないか』という**仮説**を立てる。これに基づいて**探究**がつづけられ、ついに腸チフスという病気は『病気の原因となる微生物』によるものだという**新たな理論**が構成される（c）。そして、それが『多くの探究者によって検証され同意され』ることで、『**普遍的な理論**』となる（d）のである」というのが空欄Xの前段落の内容である。これを選択肢と見比べると、④が「科学者たちにとって『**自分にも他の誰かにも分かっている**』**ものだったはずの理論**（a）の中に、『**自分にも他の誰かにも分かっていない**』**事態**が生じ（b）、……**探究**を通じてそれが**新たな**『**自分にも他の誰かにも分かっている**』**理論**となっていく（d）」と対応していることが**まずつかめる**。**迷うのは**④「ある科学者が『自分には分かっているが、他の誰にも分かっていない』説を唱え」の箇所だから、**この内容を頭に入れた上でNさんの文章を見直してみよう**。すると、「『病気の原因となる微生物』によるものだという**新たな理論**が構成される（c）」が「**多くの探究者**によって……」の**前段階**であることから、④の「ある科学者が『自分には分かっているが、（その時点ではまだ）**他の誰にも分かっていない**』説を唱え」に当たるだろう（**【文章Ⅱ】**の1後半（⇒4初め「仮説として試行的に設定」）の段階である）というふうに判断できる。正解は④。

①は「もとは『他の誰かに分かっているが、自分に分かっていない』ものだった理論を、自らが学ぶことで『自分にも他の誰かにも分かっている』知識とし、そうした学習を……」が、「腸チフス」の例と無関係。②は「仮説の設定によって知識に転じ」が腸チフスの例とも**【文章Ⅰ】【文章Ⅱ】**の論旨とも関係なく、また「『自分には分かっている（x）が、他の誰にも分かっていない』仮説……を『他の誰かに分かっている（y）が、自分に分かっていない』知識と組み合わせることで、『自分にも他の誰かにも分かっている』（xy）知識を生み出していく」が**【文章Ⅰ】【文章Ⅱ】**のいずれの論旨とも無関係。これでは〈ある仮説の足りない部分を別の知識で補って両方を合わせた知識にする〉という話であり、**【文章Ⅱ】**4の「あたらしい法則」が「多くの探究者によって検証され同意され」ることとは違う話になってしまう。③は「それが実は『他の誰かに分かっているが、自分に分かっていない』事例ではないかとまず疑い、本当に『自分にも他の誰かにも分かっていない』事態だと確定したものについて……」が、「腸チフス」の例とも**【文章Ⅰ】【文章Ⅱ】**の論旨とも無関係。

解法のポイント

選択肢を吟味する際には、**〈確実に正しいといえる〉要素**の多いものに**まず目を付け**、その中で**やや迷わされる要素に焦点を**しぼって**本文や資料などを再度見直し**、**妥当性が高ければ○と**する、といった**手順が必要になる場合もある**。意識しておこう。

4 「ネットワーク社会」 橋元良明《はしもとよしあき》

解答 （配点45点）

問						配点
問1	(ア) ④	(イ) ③	(ウ) ③	(エ) ①	(オ) ④	各2点
問2	③					4点
問3	⑤					8点
問4	①					7点
問5	②					8点
問6	②	④				（順不同）各4点

／45点

問題の概要

評論読解の仕上げとなる問題である。**抽象↕具体の関係の把握、比喩の理解**といった基本事項に加え、**図表を読み取り本文の論旨との関連を考える設問、本文にない具体例の選択肢について判断する設問、本文に直接書かれていないことを推測する設問、本文と他の文章・資料とを関連させて理解する設問**など、共通テストの特徴的な設問形式に対する練習を行う。

問6④が〈難〉、問3が〈やや難〉、他は〈標準〉。

文章・資料

インターネットの使用が日常化した社会の問題点を論じた文章（以下、各形式段落を[1]～[10]で示す）。**コミュニケーション系の情報のやりとり**を中心にネットを利用する若年層は、〈**身の回りのことにしか興味がない**〉傾向を強めている（[1]～[3]）。**個人的意見の形で表明された主張のほうが強い影響力をもつ**「イグゼンプラー効果」や、**極端な意見が幅を利かせやすい**傾向、**同じ考えの者が集まり反対意見を排除する**傾向などが強いのもネットの特徴である（[4]～[9]）。（そうした特徴をもつ）ネットメディアの影響でテレビの視聴率が左右される現象などを見ていると、**ネットの影響力の大きさを意図的に利用して、デマゴーグ**（注9参照）が**人々を扇動する社会**が現出することを危惧してしまう（[10]）。

問1 漢字の設問

(ア)は「狭小」で、①響（き）、②競（い合う）、③脅（かす）、④狭（い）。

予想問題 問題 ▼本冊48ページ

(イ)は「摂取」で、①節約、②刹那（＝きわめて短い時間。瞬間）、③包摂、④切除。
(ウ)は「中庸」（＝極端でなく、ほどよいこと）で、①高揚、②雇用、③凡庸、④概要。
(エ)は「糾弾」（＝罪状や責任をとがめ問いただすこと）で、①連弾、②裁断、③壇上、④算段（＝苦心して方法や手段を考えること。工夫して必要な金をそろえること）。
(オ)は「顕著」で、①健在、②権謀（＝「権謀術数」で〈巧みに人をあざむく策略〉の意）、③献金、④顕示。

問2　図が示していることを把握する設問

設問のねらい

設問文に「本文の論旨を踏まえてこの図から読み取れること」とある。**本文の論旨と図とを関連させて理解**したうえで、（問われているのはあくまで「図から読み取れること」なので）、**〈本文には書かれているが、この図からは読み取れないこと〉を答えてしまわないよう注意できたかどうか**が試される。**図表と関連する設問の考え方**、および**設問要求を的確に把握して解答する姿勢**を身につけることがねらいである。

設問に「（見出しは省略されている）」とある。つまり、**〈この図は何を示すものか〉が示されていない**ので、**本文と照らし合わせてそれをつかむ必要**がある。

図の上の「――10代　- - -20代」についての記述は本文の2後半と3初め。そこに示された数値と**図**の数値とを見比べてみよう。2「二〇一三年調査」の「『世間のできごとより、自分の身の回りのできごとに興味がある』……」の箇所の数値と、「『ふだんから**政治に対して関心がある**』に『はい』と答えた比率」の数値のうち、**図**の「2013」の数値（「――10代」が14・4%、「- - -20代」が29・2%）に合致するのは、後者**（政治に対する関心）**のほう。3の「**『政治に関心あり』**と答えた比率」の「二〇〇五年」と「二〇一三年」の「一〇代」の数値も、**図**の2005および2013の「――10代」の数値と合致する。以上から**図**は〈一〇代・二〇代で〝政治に関心がある〟と答えた人が、二〇〇五年から二〇一三年の間に「減少している」（3）〉ことを示すものだとわかる。正解は③である。

①は2末に、②は3初めに合致するが、**図**には①「投票率」や②「いつの時代でも」「若年層の方が低い」の根拠（他の時代や他世代との比較）は示されていないので、①②は**〈この図から読み取れること〉とはいえない**。④は3「政治関心の低下はネットだけが原因ではない……とはいえ、ネットの利用……が一つの遠因になっている」という本文の論旨に沿うものではあるが、**図**には④「ネット利用率」との関連は示されていないし、④「年層効果」は3「……若年層の方が低い現象（＝②）のことだから、**〈この図から読み取れること〉とはいえない**。

解法のポイント

文章中の図表は、本文の論旨をわかりやすく示したり根拠づけたりするためのものなのだから、**本文のどの部分の論旨とどのように関連しているのか**を意識して理解しよう。また、図表の見出しや挙げられている**項目**などに着目して、〈何について示した図表なのか〉をしっかり把握しよう。

問3 傍線部の具体例として適切なものを選ぶ設問

設問のねらい

本文の論旨に沿う具体例を選ぶ設問。共通テストの特徴の一つである**〈抽象↔具体を往復する思考力〉**を試す設問である。

傍線部Aの前に「世論調査結果等の直接情報より（a）、むしろ**個人的意見として出された生の声**の方が（b）『世間議題の認知（**世間ではどう考える人が多いかという認識**）』**に大きな影響**を与える（c）……『街の声』や『識者へのインタビュー』を**そのままの形で提示**したもの（b）を『イグゼンプラー（代表例）』といい」とある。5の「典型的なイグゼンプラー」の例も同趣旨のものである。⑤「ニュースの解説者」は「個人的意見」を述べるものではないから、「ニュースの解説者……よりも（a）、人気のある**政治家の演説**を放送する方が（b）、**世論を大きく左右する**（c）」は右のa・b・cと内容上一致し、その一事例となっている。正解は⑤。

①は右のa〜cと無関係。②「アンケートにより読者の声を広く集めて分析」は、「個人的意見」を「そのままの形で提示」（b）とは逆（むしろ「世論調査」のほうに近い）だし、②末もcとは違う話である。③は「世論調査」の紹介のほうが影響が大きいとしている点でa〜cに反する。④「資本がかかる」「合理的」は話題自体が本文とズレている。

論理的文章編**2**の問3や**3**の問5(i)でも見た**〈本文の論旨に沿う具体例を選ぶ設問〉**であるが、ここで改めてその解法をまとめておこう。

解法のポイント

〈具体例〉とは〈あるもののうちの（それに含まれる）一つの場合〉のこと。したがって、**本文の論旨に沿う具体例を選ぶ**設問は、❶**設問で問われたことについて本文中で説明されていること（要素）**をピックアップし、❷選択肢の内容が、それらの**要素を踏まえた（それに含まれる）一つの場合**といえるかどうかを判断して、適切なものを答える、という手順で考える。

問4 傍線部の内容を推測する設問

設問のねらい

設問文に「どのようなことだと考えられるか」とあるように、**本文に直接書かれていないことを推測することが求められている**。共通テストの特徴の一つである**〈文章・資料をもとに、根拠のある妥当な推測を行う〉力**を試す設問である。

「**ある方向性**の声が数件上がると、それが**『大勢』であるような錯覚**が生じ（a）B『沈黙の螺旋《らせん》』が始まる。実際の意見分布以上に、**極論がはびこっているように見える**一因である（b）」とある。a・bだけでは「沈黙」の「螺旋」（＝巻貝や渦巻のように巻いた形。回転しながら上昇・下降する三次元曲線）という意味にはならないので、a・bをもとに〈何が**「沈黙」**し、どんな**「螺旋」**が生じるのか〉を推測する、という形で考えていくことになる。まず①**「声高な意見」**はb「極論」に当たり、①「前者（＝声高な意見）ばかりが**多数派のようにみなされる**」はa・bに合致する。そして、①「声高な意見におされて他の意見が**表明されなくなる**」は〈「極論」以外の意見をもつ人の**沈黙**がどんどん広がっていく（＝**螺旋**）〉という趣旨になるし、その結果「実際（には他の意見もあるのに、それが表明されないことで）……以上に、極論がはびこっているように見える」（b）ことにもなる。正解は①である。

②「フォロワー」は「カリスマ発信者……を熱心にフォローしている人」[5] つまり「カリスマ発信者」と**同意見**の人だから、彼らが②「軽視される」事態は、先のa・bとは逆方向。「ある方向性の声」が「大勢」として「はびこ」る事態とは、むしろ**同意見**の人々がどんどん広がる事態である。つまり②は、**本文の内容と論理的に整合する推測とはいえず**、誤り。

[7]「コンピュータを介した会話において、意見が極端な方向に傾きやすい」以降で述べられるように、自然にそうなる〈傾向〉がある、というのがこの部分の論旨。③「情報操作によって」はこれに反する（「情報操作」への危惧が話題になるのは[10]である）。④「やがてそれら（＝極端な意見）が淘汰《とうた》〈不適なものとして取り除く〉され」、⑤「個性的な主張も『大勢』に属すものと錯覚」は、本文と逆方向。

解法のポイント

本文に直接書かれていないことを推測する設問は、❶**問われたことに関する本文中の説明**をピックアップし、❷**それらと整合する（矛盾なく満たす）**かどうかで選択肢の適否を判断する。

問5　選択肢が本文の論旨と合致するかどうかを判断する設問

設問のねらい

傍線部なしに本文の論旨との一致不一致を問う設問。本文の大筋を把握する力と、まぎらわしい選択肢を本文と照合して吟味する力とが試されている。

設問文「『ネットワーク社会』に関する筆者の考え」は本文全体で述べられており、それだけでは解答箇所を限定できない。[4]以降でくり返し述べられる〈ある方向の意見に偏りがち〉という趣旨に方向性として一致する②「……他の立場や考え方が排除」にまず着目し、②「自分にとって都合のよい情報の共有化が……」も[8]に合致することを確認する。②「高度情報化が加速してネットワーク社会が到来し」はこのままの形で本文に出てくるわけではないが、[1]~[3]をはじめ本文から読み取れることであり、本文の話題の言い換えとして問題はない。正解は②となる。

①は[4]や[5]の論旨と逆。③は「セキュリティを強化して……」が本文と無関係。④「専門家の**個人的な見解**にも注目しなくなる」は[4]に反するし、④「……ために……」という因果関係も本文で述べられていない。⑤「情報の質や正確性を吟味しより真実に近い情報を得ることが可能になる」は、[7]「極論」や[8]「自分たちに都合のいい情報」を信じる傾向が強まり、[10]「デマゴーグ」（注9参照）がはびこる可能性を指摘した本文の論旨に反する。——③④⑤はどれも、前半は本文に合致しているが、後半に誤りがある、という選択肢で、長い選択肢を〈ここまではよいが、ここからが×〉というふうに吟味することができたか（論理的文章編**1**の問4参照）が問われたものである。

解法のポイント

共通テストでは、**本文の広い範囲（または本文全体）を視野に入れて考える設問も出題される。❶本文読解の段階で〈くり返し述べられていること〉〈対比されていること〉などを意識して〈本文の論旨の大筋〉をつかみ、それを前提に選択肢を吟味して、❷それだけでは決めきれない部分については、本文の該当箇所を探して照合する、という手順で考えていこう。**

問6　比喩表現が用いられた意図を、本文とは別の文章と関連させつつ理解する設問

設問のねらい

〈複数の文章・資料を関連させる設問〉を練習し、あわせて〈比喩表現の理解のしかた〉を学ぶ設問である。

[10]で〈ドラマの視聴率〉における「影響力の大きさ」の例

から、「ソーシャルメディアの**操作**で**意図的に**……視聴率を**動かすことが可能にも思える**」と述べたうえで、それほどの力をもつネットメディアが、「視聴率」などにとどまらず、「討論」「民主主義」といった政治的・社会的領域において、「**少数のデマゴーグ**（注9・**意図的に虚偽の情報を流し、人々を特定の方向にあおり立てる人**）が跋扈《ばっこ》する（＝**のさばりはびこる**）扇動社会を現出させるパンドラの箱にもなりかねないという**危惧**」を表明した箇所。**【資料】**からわかるように、波線部は「ギリシャ神話」の挿話の中の「**パンドラの箱**」を、**右のような「危惧」をもたらすネットメディア**と重ねた**比喩**表現である。**両者はどのような点で重なっている**（**共通点をもつ**）**のか**。

まず、**【資料】**の「**悪と災い**が地上に飛び出し」が、右に見た「**危惧**」と重なるのは明らか。一つ目の正解は②である。

①「全能の神」は**【資料】**によれば〈箱に悪と災いを詰め込んでパンドラに持たせた存在〉であり、〈箱＝ネットメディア〉そのものとは重ならないので、①は誤り。③「時代」の「変化」は本文の1に合致するといえるかもしれないが、**【資料】**の内容とは無関係。逆に、⑤「唯一の『希望』」は**【資料】**には合致するが、10「自由な討論……理想的な民主主義……ように見える」という言い方は、〈そこに希望がある〉と信じている人のものではないし、4「テレビ」や9「新聞」など他のメディアのプラス面も述べているのだから、ネットを「唯一の『希望』」とした文章とはいえない。

④「本来もつべきではない力を人間はもってしまった」は、まず**【資料】**の〈開けてはならない箱を開けてしまった〉という内容に合致する。そして、本文では直接④のように述べられているわけではないが、本文の最初から最後までネットのマイナス面について論じていること、波線部が「デマゴーグが跋扈する扇動社会……なりかねない」と危険な状態に向かう可能性をたとえた比喩であることを考えると、④「……**どこかに抱いている**」程度の言い方なら、①③⑤に比べれば**より妥当性のあるものと判断する**ことができる。二つ目の正解は④である。

解法のポイント

- 比喩とは〈あるものを、**共通点をもつ別のものにたとえる**〉こと。**比喩の意味は、たとえているものとたとえられているものとが〈どの点で重なるか〉を考えて理解していく。**
- 〈直接書かれていないことを推測する〉設問で迷った場合には、〈**本文をもとに“より妥当性が高いと判断できるもの”を選ぶ**〉という姿勢が必要になる。

5 『姨捨《おばすて》』 井上《いのうえ》 靖《やすし》

解答 （配点45点）

問1	(ア)	④	(イ)	①	(ウ)	③	各3点
問2	⑤	7点				
問3	③	7点				
問4	②	7点				
問5	(i)	④	(ii)	③	(iii)	②	各5点

／45点

問題の概要

文学的文章編の入り口となる問題。傍線部の前後の文脈や場面、**本文全体を視野に入れ登場人物の心情や人物像を把握する**。共通テストでは、設問の中で本文の小説と関連する評論や韻文、同小説の別の場面などが主に【**資料**】として提示される。〈**複数の文章・資料の比較・統合**〉とともに〈**生徒の学習場面**〉の設問の出題パターンとして〈**本文をもとにした生徒の対話**〉形式の練習も行う。

難易度は、問2・問5(i)〜(iii)が〈やや難〉、他は〈標準〉。

予想問題
（センター試験　国語Ⅰ・Ⅱ〈本試験〉改）

問題 ▼本冊62ページ

文章・資料

妹に再会した時の「私」の思いを綴《つづ》った小説の一節。九州へ旅行した「私」は、離婚をし子供を残して家をとび出した妹の清子と久しぶりに会う。七十歳の時に「**姨捨山に棄《す》てられたい**」と言った母のことが話題になると、母は**本当に姨捨山に棄てられたいと思い、一切の煩《わずら》わしいことから離れて一人きりだけになりたかった**のではないかと清子は言い、家をとび出した自分もそうだったのだと語る。清子と別れたあと、母や清子の抱いた思いは「**一種の厭世観《えんせいかん》**」ではないかと「私」は思い至る。

問1 語句の意味の設問

設問のねらい

語意の知識を問う設問。共通テストでも何度か出題されている。**文章読解に必要な言葉の知識や理解力**が試されている。

(ア)の「小ざっぱりした」の「小（こ）」は接頭語。〈清潔で感じのよいさま・小ぎれいなさま〉の意。正解は④。②は「若々しい」が誤り。「小ざっぱりした」に年齢的な意味はない。

(イ)は〈はっきりしているさま。てっとり早く要点だけを捉えるさま〉の意。正解は①。

(ウ)は〈空がくもって重苦しいさま。空気などが濁って不透明なさま〉の意。正解は③。①は「かすむように」が、②は「貧弱に」が、⑤は「黒々と」「分厚く」が、それぞれ語義からズレている。

解法のポイント

❶ **語意設問の正解は、原則的に〈その言葉の辞書的な意味〉を踏まえたものであり、〈辞書的意味とはまったく異なるが、傍線部前後の文脈にあてはめると一応文意が通じる〉だけのものは正解にならない**（設問文に「本文中における意味」とあったとしても、あくまで〈辞書的意味の中でその場にふさわしいもの〉のことである）。

❷ **〈辞書的意味＋文脈上の意味内容〉**という場合もあるが、これもまず**〈辞書的意味としての適否〉を考え→決めきれなければ〈文脈上の意味内容で絞る〉、という手順になる。**

問2 傍線部の理由を説明する設問

設問のねらい

登場人物の心情を読み取ることが求められている。本文中の叙述を踏まえ、**必ずしも本文中に明示されていない心情を推察する力**が試されている。

〈リード文〉に「七十歳になる母が『姨捨山に棄てられたい』と言った」とあるのをおさえよう。傍線部Aのすぐ前に、妹の「清子」は「破鏡《はきょう》（＝離婚）」し、「二人の子供まで残して家をとび出した」とある。それ以来久しぶりの再会（79行目に「二か年近く」とあり、清子が九州に来てから既に二年近くが経過していることがわかる）であり、二人の間で気まずい雰囲気になる可能性があることから、母の「性格」を「端的に現して」いて（18・19行目）「子供たちだけに通ずる」（20行目）言葉である「姨捨」を持ち出し、話しやすい雰囲気を「私」は作ろうとしたのである。正解は⑤。

①は「妹との失われた信頼関係を回復させる」が、③は「母をもてあましている」、「兄の苦しい立場」が、④は「妹の行動を内心では認めている」が、どれも本文に根拠となる叙述がない。②は「暗に妹の行動を批判しようと考えた」が、傍線部Aのすぐ前にある、彼女の「覚悟」や「考え方」を尊重して「彼女の破鏡について」は「一切触れ」まいとする「私」の考えに合わない。

解法のポイント

小説の問題では、**登場人物の心情**が問われる。その場合、**本文中に心情が明示されている場合もあるが、文脈から推測して捉えることが求められる場合もある。**そのときに自分勝手な思い込みで解答を考えるのではなく、**本文中の叙述を根拠にして的確に判断することが大切である**。その点に留意しよう。

問3 傍線部の内容を把握する設問

設問のねらい

傍線部の前後の文脈を正確に理解できるかが問われている。部分部分の叙述を丹念にたどる読解力が試されている。

「姨捨」は17〜20行目にあるように、「母の自尊心や気儘《きまま》や気難しさへの軽い非難」と「それらを肯定する」「母への労《いたわ》りの気持ち」との二面性をはらみ持つ、母の「性格のいいところをも、悪いところ」をも「端的に現」す言葉であり、子供たちの間だけで通用する「便利な言葉」として使われてきたものである。それを清子は、22〜26行目で「母さんはあの時（＝**〈リード文〉**七十歳になる母が『姨捨山に棄てられたい』と言った時）、本当に姨捨山に棄てられたいと思」い、「本当に一人きりだけになって、一切の煩わしいことから離れ、心から、どこかの山の奥へ棄てられたかったのではないか」と、母の本音を表す言葉として捉え直したのである。傍線部**B**より後の34行目で、「わたしだって……そんな気だった」と母のその思いに自らが家をとび出した時の気持ちを重ねていることからも、真剣な思いで語っていることが読み取れる。正解は③。

①は「母の気難しさをほのめかす」が、「姨捨」が表す二面性を踏まえておらず、「常識にはずれた母」以降も右で説明した内容からズレていて誤り。②も「母の複雑な思いをいたわる」が①同様「姨捨」の持つ二面性を限定しすぎており、「母のわがままな性格」以降も本文の内容にそぐわない。④は「いまだに冗談めかして使う」が右の説明と反対方向であるし、傍線部の前にある清子の言葉から自己を「正当化」する内容を読み取ることはできない（40行目に「自分の行動をそれとなく弁解しているようにも受け取れた」とあるが、ここは傍線部**B**とは無関係な箇所である）。⑤は「母の一風変わった性格」以降が誤り。

解法のポイント

傍線部の前後の文脈を丹念にたどることは読解の基本である。文学的文章でも、**論理的文章同様文脈に即して本文の内容を理解することが解答の前提となることを意識しよう**。

問4 登場人物の人物像を捉える設問

設問のねらい

登場人物の言動や判断から人物像を把握することが求められている。擬態語が示す意味を理解できるかが問われている。

「東京へ帰りたいけれど」、「もうしばらくここで働いて」（波線部ⓑ）九州に留《とど》まるという清子の言葉に、「私」は一人で暮らす清子の「淋《さび》し」さ（波線部ⓐ）を感じつつも、清子は自分がかつて夫や子供と暮らしていた場所からあえて自分を遠ざけようとしているのだろうと判断している（波線部ⓒ）。さらに波線部ⓓには、「右手を上げて、掌《てのひら》だけをひらひらさせ」、「苦労している」ようには見えなかったとある。ここには家族との関係を断ち切り「一切の煩わしさから離れて」（34行目）、一人軽やかに自由に生きる清子の姿を読み取ることができる。42行目で「彼女もそれ（＝置いてきた二人の子供）について触れたかったであろうが、それに耐えている風であった」と「私」は推測している。子供たちや「私」ら家族から離れて暮らすことには、孤独に生きる「淋しさ」という否定的な側面があるのであろうが、しかしその一方で、一人で自由に生きる身軽さという肯定的な側面もあるのであり、清子はそれらのはざまで「なんとか均衡を保っている」のだろうとその人物像をうかがい知ることができる。正解は②。

①は「自分の判断を後悔」が、④は「孤独な生活にうちひしがれ」以降が特に波線部ⓓに合わない。③は「美容の技術を習得するために」家族を棄てたとする因果関係が誤り。家族を棄てたことから自活する必要が生じ、美容の「技術を身につけ」（波線部ⓑ）ようとしているのである。また、「すさんだ気持ち」以降も本文の内容にそぐわない。⑤は、「のびのびと暮らしている明朗な」が、波線部ⓐにある「淋し」さを踏まえておらず言い過ぎである。

解法のポイント

・登場人物の言動が示す意味やそこでの心情を文脈に沿って的確に把握することが大切である。
・擬態語はその言葉自体がもつ意味合いを、文脈に沿って正確に解釈していく必要がある。

問5 本文と〈生徒の対話〉や短歌を比較し統合して捉える設問

設問のねらい

〈生徒の学習場面〉〈複数の文章・資料の比較・統合〉〈応用的・発展的思考〉の設問。本文の読解と短歌の理解をもとに、〈生徒の対話〉に沿って応用的・発展的に考える力が試されている。

(i) 〈生徒の対話〉における空欄補充の設問である。【対話】で取り上げられている、『大和《やまと》物語』と『俊頼髄脳《としよりずいのう》』の相違点を読み取っていく。直前にあるBさんとCさんの発言に着目しよう。『大和物語』には「おばを山に捨てた」あと、男が「帰ってから月を眺めつつ……『我が心』の歌を詠み」とあるので、〈おばを捨てたのも、歌の詠み手も男〉である。『俊頼髄脳』には「おばが……姪《めい》に山に捨てられ、その山頂で一晩中月を見て詠んだ歌」とあるので、〈おばを捨てたのは姪で、歌の詠み手は捨てられたおば〉である。

以上から、解答は②か④である。〈生徒の対話〉形式の設問では、**対話自体の方向性や文脈を把握すること**が大切である。あとのDさんとCさんの発言の主旨は、〈「我が心」の歌は「題しらず」、「よみ人しらず」だからこそ、後の人たちにさまざまに解釈され、そこから伝承や伝説が作られた〉というもの。「我が心」の歌の通釈は〈私の心をどうしても慰められずにいる。更級《さらしな》の姨捨山に照る月を見て〉というものだが、〈題も詠み手もわからない〉ことから、『大和物語』では、月を見て歌を詠んだその詠み手を「捨てた男」と解釈し、『俊頼髄脳』ではそれを「捨てられたおば」と解釈したのである。正解は④。ここでDさんとCさんが**【対話】**の中で着目しているのは、〈歌の題や詠み手がわからない〉→〈月を見て歌を詠んだその詠み手が二様に解釈され、別の伝承・伝説ができあがった〉という点であって、おばを捨てたのが誰であるかという点ではない。よって②は誤り。

(ii) 短歌の通釈に関する設問である。**ア**〜**カ**の歌の通釈を列挙してみよう。

ア あなたが行くところ〈が姨捨山のある信濃《しなの》〈＝現、長野県〉である〉と聞くと、月を見ながら姨捨山を恋しく思い浮かべることだろう。

イ 月も出ないで真っ暗な姨捨山のように、悲しみにくれているこのおばのところに、どうしてあなたは今晩訪ねてきてくれたのだろう。

ウ これがあの、月を見るたびに思いを馳《は》せる姨捨山の麓《ふもと》であったことよ。

エ 更級には昔と同じ月の光がさしているだろうか。いや、ただ寂しく吹く秋風だけが、姨捨山の昔を語っている。

オ くまなく照らす月の光を眺めると、まず姨捨山の月が恋しく思い出されることだ。

カ 今夜私が姨捨山の麓で月の出を待ちわびているとは、いったい誰が知るだろうか。いや、誰も知らない。

短歌を「捨てられた者の悲しみや寂しさに思いを馳せるもの」（＝a）と、「月そのものの美しさに思いを寄せるもの」（＝b）とに分ける設問であるが、ポイントとなる幾つかの歌の内容を推測できれば、正解を導き出すことができる。**ア**は「君」に対する「恋しかるべき」という思いを詠んでいるのでbとは言い難く、**エ**も「ただ秋風ぞ」とあり、「秋」の季節感がもの寂しさであることを踏まえれば、この両者はaだと推測できる。**オ**は「隈《くま》もなき月の光」を眺めたことから「姨捨の山」に思いを馳せており、**カ**も「月待ちわぶ」としていることから、この両者は月そのものに思いを寄せるbだと判断できる。以上に反するものを消去していけば、正解は③となる。**イ**は『更級日記』の中の一首であるが、解釈が難しい。**ウ**は「これやこの」が月への思いを表している。

(iii) 複数の文章・資料を比較・統合する、応用的・発展的思考の設問である。

空欄**Y**を含むCさんの発言の最初にある「そのことを踏ま

え」の「そのこと」は、Bさんの発言中にある傍線部を指している。本文79行目「姨捨山の上に出る月」は「我が心」の歌に基づくものであるので、清子に関わるのは、傍線部のうち「捨てられた者の悲しみや寂しさに思いを馳せるもの」のほうだとわかる。もちろん、自分から「家をとび出した」清子は【対話】にある「捨てられた者」ではなく、また本文79行目は、捨てた子供に思いを寄せるという場面ではないが、【対話】にある「我が心」の歌を踏まえて考えれば、ここには東京から離れた遠いところで一人暮らす清子自身の「悲しみや寂しさ」を読み取ることができるだろう。本文で清子のその気持ちが描かれているのは波線部ⓐである。「東京へ帰りたい」(55行目)、「お手紙出していいですか」(66行目)と言う清子は「私」ら家族との触れ合いを心の中で求めてはいるが、あえて九州に留まってその思いを断ち切り、「自分が出て来た家から少しでも離れ」(波線部ⓒ)たところで一人生きていこうとしているのである。その清子の「淋し」さを「姨捨山の上に出る月」は表している。

このことを踏まえて空欄Yを考えていこう。二重傍線部の直後で「私」は母の「姨捨へ棄てられたい」という思いを「一種の厭世観」だと捉え、清子の「家庭脱出」も「それと同質な厭世的な性向」が「役割」を果たしたとしている。母のこの思いに対し、22~26行目で清子は、母は本当に姨捨山に棄てられたいと思い、本当に一人きりだけになって、一切の煩わしいことから離れたかったのではないかと言い、34行目で自分もそうだったと語っている。よってここから、清子の「家庭脱出」にあるのは、夫や子供との煩わしい人間関係を一切断ち切りたいとする「一種の厭世観」であったことを読み取ることができる。たとえ「淋し」さを味わうことになっても、煩瑣《はんさ》な人間関係を断ち切って一人で生きていこうとする清子の思いが、ここでの「考えなければならぬ」ことの「正体」である。正解は②。

①と③は、Bさんの発言中にある傍線部の、「月そのものの美しさに思いを寄せるもの」のほうを踏まえている点で誤り。さらに①は「家族の情愛や信頼感を否定する」が、③は「一切の人間関係を切り捨て」が、どちらも「私」ら家族との触れ合いを求めたり、「淋し」さを味わったりしている清子の心情を踏まえておらず、また③「世俗を超越した生を送りたい」も本文のどこにも書かれていない内容であるため、不適。④は「母の言葉に込められた悲しみ」が本文からは読み取れず、「現実を拒絶する」「虚無《きょむ》的〈=人生などをむなしいものだと考えているさま〉」も右で説明した内容からはズレている。

解法のポイント

・〈対話・討論〉形式の設問では、対話自体の方向性や文脈を踏まえて解答することが大切である。
・〈複数の文章・資料の比較・統合〉の設問では、文章・資料どうしの関連性を読み取り、論理的に解答を導き出す〈応用的・発展的思考〉が求められる。

6 「雪間」　丸山健二《まるやまけんじ》

解答（配点45点）

問	解答	配点
問1	②	8点
問2	⑤	8点
問3	④	8点
問4	②	8点
問5 (i)	②	(i)6点、
問5 (ii)	③	(ii)7点

／45点

問題の概要

人物の心情があまり直接的に書かれていない小説を取り上げ、暗示的な表現の読み取りや本文全体の構成を踏まえた部分の理解を通じて読解していく練習を行う。小説問題の**〈生徒の学習場面〉**の設問の出題パターンとして、**〈評論文を参照して小説の内容や表現を捉え直す〉**形式の練習も行う。

問2・問3・問5(i)・(ii)が〈やや難〉、他は〈標準〉。

文章・資料

子供の視点から、祖母の死を受け止める祖父の姿を他の人々との対比において描いた文章。冒頭部分で**祖父は、忠夫《ただお》の伯母《おば》や母から〈祖母が死んだ日に殺生をし、通夜の食事にも出ない〉ことを「薄情」「かあさんも気の毒に」と非難されるが**、続く箇所では〈死者をいたんでいる〉はずの**通夜の席の人々が実際には飲み食いしながら騒いでいる声が聞こえてくる中で、祖父と忠夫が「離れ屋」で死と生をめぐる静かな会話を重ねていくさま**が、両者を**対比**する形で描かれる。最終場面では、「唸《うな》り声で眼《め》がさめた」忠夫の見た、祖父の「肩が小刻みに揺れ」「唸り声」が「長い間続」くさま、**眠ろうとしても眠れず、抑えようとしても嗚咽《おえつ》がこみあげてくる姿**が描かれ、祖父は〈殺生をしない〉〈通夜に出る〉といった**〈形だけの追悼《ついとう》〉はしないが、心の中に祖母の死を深くいたむ思いを抱えている**ことが示される。

設問のねらい

問1　複数の傍線部における心情の動きを説明する設問

複数の傍線部から伯母と母（「お袋」）の心情を読み取る設

問。各傍線部の内容をおさえ、それらを総合する力が試される。

傍線部はいずれも忠夫の祖父に関する伯母と母の発言である。Aは、**祖母の死んだ日に殺生をした**祖父への「**薄情だ**」という非難（a）。Bは、みなは「ごはん食べる」（後文に「棺おけの前で、集まった男や女が飲んだり食べたり」とあるように、**祖母の通夜の食事**である）のに、「**離れ屋に住んでいる」祖父**（前書き）**は「母屋《おもや》」に来ようともしない**ところから、伯母が「**かあさん**（伯母の母＝忠夫の祖母＝祖父の妻）**も気の毒に**」と口にするところ（b）。Cは「姉さん（母にとっての姉＝忠夫にとっての伯母）は**よかったよ、結婚なんかしなくって**」「**男なんて勝手なもんだよ**」という母の言葉をうけて伯母が再び「ほんとになあ、**かあさんはかわいそうだよ**」と述べた（つまり〈（忠夫の）**祖父という「勝手」な「男」と「結婚」した祖母は「かわいそうだ」**〉ということ）箇所（c）。**a～cすべてをおさえた②**が正解。②「母の一生を思い」はc「結婚」のこと、②「女性として同情」もc「男なんて勝手なもんだよ」を踏まえたものである。

①③にはbcが、④にはbが、⑤にはcがない。さらに、①「父に対する反発と嫌悪をつとめて**抑え**」は誤り（はっきり「薄情」と言っている）。③「忠夫への憤り」や「忠夫に激しく当たり散らし」ている様子は見られない。④「心の中は**揺れている**」もおかしい（父に対しては〈非難〉の方向で一貫している）。⑤は「母の死んだ日」「通夜」についての言及のみなので、②に比べcに対応していないし、「涙」は先に見たように「かあさん」は「気の毒」「かわいそうだ」という涙であって、⑤「父」への「怒り」の「涙」だとするのはズレる。

解法のポイント

傍線部（あるいは設問に関わる箇所）が複数ある場合、それらすべてにあてはまる選択肢かどうかを考える。

問2 表現の意味と効果を説明する設問

設問のねらい

忠夫と祖父の会話の間に挿入された表現の働きを問う設問。**場面（さらには作品全体）の主題をおさえ、それと関連させて表現を考える力**を試す設問である。

母や伯母に〈亡き祖母に冷たい〉と非難された祖父だが、**文章・資料**の項で示したとおり、本文末尾まで読むと〈**実は心中で祖母の死を深くいたんでいる**〉ことがわかる（問3の解説も参照）（a）。そして、二本の波線部を含む部分は、**うさぎの死と祖母の死の話題が交錯《こうさく》する**、**忠夫と祖父の静かなやりとり**の場面であり（b）、波線部の「**母屋の騒ぎ**」はこれと対照的に〈**死をいたんでいるはずなのに飲み食いして騒いでいる**〉人たちのものである（c）。以上を頭に置いて、選択肢を見ていく。

①は「祖父の冷酷さ」がaに合致しない。③は「世の無常と悲哀とを鮮やかに浮き上がらせる」がaからズレている（そうした抽象的な一般論でなく、母屋の人たちの〈形だけの追悼〉と対照的な祖父の〈心中に秘めた深く静かな悲しみ〉という、人間の具体的なありようが描かれているのである）。④は「母屋で飲食する騒ぎが……祖父と忠夫の静かな会話と**響きあって**」「動と静の**二つの様態**」という形で両者を「人生」における**一体の（一対の）もの**として捉えており、cに反する。〈動と静〉というより〈形だけの追悼と心からのいたみ〉という対比である。

②と⑤はともにa～cを踏まえているが、②が「母屋の人々の軽薄さと無常さとを引き立てる」、⑤が「祖父の孤独と悲しみを深々と描き出す」と、重点の置き方が異なる。この場面が**〈母屋の人々を描くためのもの〉**か**〈祖父を描くためのもの〉**かといえば、「母屋の人々」の姿はこの場面で（波線部の二箇所で示されるだけであるし、**文章・資料**の項で示した本文全体の内容からも、**後者**であることは明らか。正解は⑤。

解法のポイント

表現上の工夫は、作者がその場面（その小説）で描こうとすることを読者に効果的に伝えるためのもの。まず内容的な正誤をチェックするのはもちろんだが、そのうえで判断に迷う場合には〈その場面（その小説）で作者が伝えようとすることを適切に捉えているか〉という視点ももって考えていこう。

問3 登場人物の心情を推測する設問

設問のねらい

祖母の死に対する忠夫と祖父の思いを問う設問。**本文全体を踏まえて、設問箇所の表現の奥行を考える力が試される。**

まず「祖父」の思いは①「妻（忠夫にとっての祖母）の死」を「**即物的に、無感動にとらえている**」、⑤「妻の死を**冷厳に突き放して**受けとめ」という方向かどうか。傍線部ⓐ～ⓓや前後の表現にはそのように見える箇所もあるが、本文最後の場面の「夜遅く……**唸り声**で眼がさめた」忠夫が見る、「祖父の広い**肩が小刻みに揺れている**」「**唸り声は長い間続き**」といった描写は、**眠ろうとしても眠れない、抑えようとしても嗚咽がこみあげてくる**、といった祖父の様子を示している。祖母の死に対し「薄情」だと非難されていた祖父（問1）だが、祖父とは違い〈死者をいたんでいる〉はずの通夜の席の人たちが実際には飲み食いして〈騒いでいる〉様子と、祖父（と忠夫）の様子が対比されている（問2）ことからも、祖父が、〈殺生をしない〉〈通夜に出る〉といった形だけの追悼はしない一方で、**本当に心から祖母の死をいたんでいる**者として描かれていることがつかめる。その上で傍線部付近を見直せば、ⓐで忠夫が（それまでのうさぎの話から）祖母の死を直接的に口にすると「急に起き……電灯を消」したり、ⓒの直前で「あのうさぎね」「血出さなければよかったね」「死ぬと淋しいんだって」という忠夫に対し、すぐには言葉を返せずにいたりする様子も、祖母の死を重く感じている祖父の姿として読み取れるだろう。先の①⑤ではなく、むしろ④「**妻の死への深い悲しみを秘めている**」がふさわしい。④「祖父は、人間の死を自然の中の出来事の一つとしてとらえようとし」は祖父の「死んだらおしまいだ」といった言葉に対応する〈人間だけが死後の魂をもつなどということはなく、死ねばこの世からなくなるだけだ、といったこと〉。また④「忠夫は、祖母の死とうさぎの死の対比（「ばあちゃん」は「あした埋める」「一人で死んで淋しい」と言われ、「うさぎ」は「叩《たた》かれて死ぬ」（死んで）「耳かけ」になる、といった「対比」）を通して、生き物の死に目を向けはじめ」も傍線部ⓐ〜ⓓの箇所の忠夫の言葉に合う。④が正解。

①⑤後半は右に見たとおり正解とは反対方向。①は「忠夫は……残酷」も本文とはズレており、⑤は「忠夫は、妻に先立たれた老人の孤独を子供なりに感じて祖父に同情」も本文からは読み取れないこと。②③のように祖父が〈自分の死〉についてこの場面で考えているとする根拠は（直接そう書かれていないというだけでなく、そのように読み取れる根拠となる記述も）見当たらない。また、②「静かに淡々と受け止めようとしている」のみでは本文最終場面の祖父の姿につながらないし、③「忠夫は……死……よりも……生きた事物の方に関心を持っている」は傍線部ⓐ〜ⓓの箇所とは反対方向。

解法のポイント

小説問題では、場面全体、本文全体の読解が部分の理解の前提となることに注意する。また、ある設問を考える際に、他の設問（他の部分の読解）がヒントになる場合がある。

問4 表現の特徴についての設問

設問のねらい

本文全体の表現の特徴を問う設問。描写のしかたや力点について、**全体を通じて特徴的といえるものをつかむ力**が問われる。

まず③「隠された心情の対立を次第に浮き彫りにする」がおかしい。③「心情の対立」は最初から出てくるし（問1参照）、祖父と母・伯母や「母屋」の人々との「対立」は明らかなことで、「隠された」ものではない。さらに③「風刺」というような軽快な機知による文章ではない（重厚な調子の作品である）。また、①「**内面描写**に終始しており」、⑤「人物の**内面までを正確に描き尽くした**」も不適切。忠夫や祖父といった人々の内面（＝心理）は、**会話や動作などを通じて間接的に表現**されており、〈悲しかった〉〈つらいと感じた〉といった**直接的な記述はほとんどない**。といって④「自然描写に力点を置いた」ともいえない。「自然描写」は末尾の「空」「月」「雪」くらいで、問1〜3で問われたような〈人間のあり方〉に焦点のある作品である。また全体として④「色彩感に富む」ともいえない。①⑤とは反対方向の②「**心理描写をつとめて抑えた短い会話や簡潔な情景描写**」「静かで余情に満ちた表現」が本文の特徴を的確にとらえた説明であり、②「生と死をめぐる複雑な思いを暗示」も（問2・3で見たとおり）この文章の内容を適切に踏まえたものとなっている。正解は②。自然ではなく人間の心理や人物像を描こうとする作品だが、心の中（内面）を直接描くのではなく、会話や動作、情景を通じて間接的に描く作品だ、ということである。

問5 本文と別の文章に関する〈生徒の対話〉の空欄に入る内容を考える設問

設問のねらい

「小説の中の会話の場面」における「……」について論じた【資料】を踏まえて、本文中の「……」の箇所について論じている生徒たちの【対話】の内容を考える設問である。**本文とは別の文章の内容を的確に理解したうえで、設問で与えられた文脈も考慮しつつ本文との関連を考える力が問われる。**

(i) **本文および【資料】の内容を踏まえたもの**（a）であって、かつ空欄Xの前の「『**祖父は答えなかった。**』とか、『**祖父は何も言わなかった。**』」**という書き方**「**ではなく『……』と書いたこと**」の「**効果**」**の説明になっているもの**（b）を選ぶ。②は前半がbの〈「答えなかった」「何も言わなかった」ではなく〉に当たり、後半は【資料】の「**何も存在しないこと**を写生する」「存在のなかの空白」に当たる（つまり、単に〈そこに言葉は存在しなかった〉という意味内容を伝えるだけでなく、〈言葉ではない記号〉という視覚的なもの（「……」）をそこに置くことで、実際に〈言葉が**存在しなかった**〉ことを感じさせる、ということ）ので、【資料】の内容に合致し、本文の内容とも特に矛盾しない（a）。②が正解である。

①は【資料】の第一段落に基づいているが、〈そういうことはめずらしくない〉という事実の指摘にすぎず、「……」の「効果」の説明（b）ではない。③は【資料】の第二段落の言葉を用いてはいるが、そこの記述は「『……』」が「**意味をもつ**ためには「前後のことばを必要とする」と述べているのであって（本文のこの箇所でいえば「**祖父が何も言わなかったこと**を示す「……」が**意味をもつ**ためには「前後の忠夫の言葉」が必要になる、と述べているのであって）、③のように「前後の忠夫の言葉にこそ意味がある」というのでは反対方向である。④「何も言わず何も答えなかったことを示す」というだけでは、「祖父は答えなかった。」「祖父は何も言わなかった。」という書き方との違いが示せていない（条件bを満たさない）。

(ii) 空欄Y直前で「『ばあちゃん』の死と『うさぎ』の死」に言及した「忠夫の言葉に対する祖父の沈黙」が「……」だとあり（a）、【資料】最終段落には「**言いたいのだけれど何と言えばいいのかわからない**、という焦燥、その満たされぬ願望が、黙説の『……』となる」とある。空欄Y直前で「**【資料】**を踏まえれば」とあるので（本文の「……」は「焦燥」「願望」というほど強いものではないかもしれないが、少なくとも）「**言いたいのだけれど何と言えばいいのかわからない**」といった方向性の沈黙として解釈することになる（b）。①の第二文ではbにならないし、忠夫は祖母の死を経験した直後なのだから、①「身近な人の死をまだ経験したことのない子供」もおかしく、さらに①は「うさぎの死」に触れていない。②「虚を突かれたように言葉を失っている」もbの〈言いたいことがあるが……〉という方向にならないし、②「まだ子供だと思っていた忠夫が意外なほどに成長している」と祖父が感じているという解釈の根拠になる箇所も本文には見当たらず、そうした気持ちが〈言葉が出てこない〉理由だとするのはさらにおかしい（祖父自身の祖母の死に対する思いの複雑さが理由である）。③前半はaと矛盾せず（「殺生をしたことを責め」る伯母のせりふの直後にも「祖父は返事をしない」とある）、後半もbに当たる内容になっている。忠夫の年齢や祖父に親しみを抱いていることなどを考えれば③「（責める）意図などない子供の無邪気な言葉であるだけに強く心に響いて」も妥当な推測である。④は「動物の死と人間の死の**違いもわきまえない**子供」が方向性としておかしい。問3正解④「祖母の死とうさぎの死の対比を通して、生き物の死に目を向けはじめ」にあるように、忠夫は「ばあちゃん」は「あした埋める」「一人で死んで淋しい」と言われ、「うさぎ」は「叩かれて死ぬ」（死んで）「耳かけ」になる、といった両者間の「**対比**」と、「死」という**共通性**とを**ともに感じとっている**ゆえに、「ばあちゃん」と「うさぎ」の話題を続けて口にしているのであって、単に「違い」を「わきまえない」のではないし、一方で祖父も、祖母とうさぎを並べるようにして「死んだらおしまいだ」と言っている（それはもちろん祖父の心情の半面であってすべてではないが）のだから、〈人間の死は動物の死とは違う〉ということを自明視しているわけではない（つまり〈**子供だから違いがわからず、大人は違いをわきまえている**〉**という話にはなっていない**）。

この設問は、正解③もかなりの程度〈推測〉を含む答えなので、**他との比較で**〈**最も妥当性が高いのはどれか**〉**という観点で選ぶ姿勢が必要である。**

解法のポイント

小説問題の〈推測〉を必要とする設問や、〈生徒の学習場面での〈本文をもとにした発展的・応用的思考〉が求められる設問などでは、正解自体に〈本文に直接書かれていないこと〉を含む設定になっている。問われていることに関わる本文（や資料）の記述（や設問で与えられた文脈）を的確におさえ、〈それらに方向性として沿っているもの・（少なくとも）反しないもの〉か、〈それらに方向性として沿わないもの・反するもの〉か、という観点で、より妥当性の高いもの（低いもの）を判断していくようにする。

7 『子規からの手紙』 如月《きさらぎ》小春《こはる》

解答（配点45点）

問	解答	配点
問1	①	8点
問2	②	8点
問3	⑤	9点
問4	④	8点
問5	② ⑥	（順不同）各6点

／45点

問題の概要

小説の一部と同じ小説の他の箇所、および関連する随筆を用い、**〈複数の文章・資料を組み合わせる〉**共通テストの文学的文章問題の練習を行う。表現の特徴や効果といった文学的文章問題特有の設問形式に加え、**〈複数の文章の関連性の把握〉**や**〈直接書かれていないことの推測を求める設問〉〈応用的・発展的思考を求める設問〉〈対話・討論形式の設問〉**などの共通テスト特有の出題の練習も行う。

問3・問5が〈やや難〉、他は〈標準〉。

文章・資料

病床にあった正岡子規の心境を追体験する主人公を描いた小説の一節。「シキ」（正岡子規）についてのシナリオを書くよう依頼を受けた主人公は、制作会社の青年とともに「子規庵《あん》」を訪ね、子規と同じように横になってみることで、子規は**動くことができないゆえに周囲の光景を微細に見つめ、さまざまな音を受け止めつつ、外の世界に思いをめぐらした**であろうと想像する。

問1　傍線部の心理の理由を説明する設問

設問のねらい

傍線部の心理が生じた理由を捉える設問。小説問題の基本である**〈文中の根拠に基づいて答える〉**姿勢が問われる。

傍線部**A**直前には〈現代的な風景の中で、「子規庵」（リード文）だけが「**独立した小宇宙**のよう」で「（周囲の世界の）あわただしさとは**無縁**の、植物たちのささやかな生の営みが淡々と繰り返され……都市に流れているのとは**別の時間**に属し、小さな宇宙のように**独自に息づく**」ものと感じられた、とある。ずっとこの場所にいられるわけではないのだから、②「毎日を……支えてくれる」は成立しない。周囲の「都会」から〈独立している〉のだから、⑤「都会で生きてきた『私』のさびしい境遇を重ね」のように〈都会暮らしの自分と共通点がある〉と捉えるのはおかしい。④「植物たち」が「『私』を哀れんでいるようで、やるせなく思われた」は、草木の葉や枝を「撫でたい」とある傍線部Aとは逆方向。都会の一角なのだから③「田舎」ではないし、本文の「植物たちのささやかな生の営み……息づく」という表現は、単に③「緑ゆたか」というよりも、①「つつましやかな命の鼓動」のほうがふさわしい。それに心ひかれて（＝①「いとおしく」）「撫でたい」と思ったのである。①「都会暮らしで『私』が見失った」は傍線部A直前「こんな場所があるのだ、まだ、あるのだ」（＝ないと思っていた）に合致する。正解は①である。

問2 傍線部の表現からうかがえる心情を問う設問

設問のねらい

設問文「このように**表現**した『私』の気持ち」に注意。傍線部の表現を前後の内容とつなげて的確に解釈する力が問われる。

36行目「（子規と同じように）横たわ」り、49行目「目を閉じ」てさまざまな音に耳をすませ、音にあふれた都会を「動き、変化し……人々が走り、抱き合い、殺し合い、ひれ伏し、仰ぎ見ては祈る。そんな場所」だと感じている、という場面。そうした世界が、〈見ることはできないが、確かにある〉（53・59行目）という思いが、「そこにも生命が**ある**、**ある**のだろう」という傍線部Bの「表現」と対応する。以上に合致する②が正解。①「外の世界の存在を認めてしまうと……戻ってしまうのではないかと恐れている」は、「**確かにある**」と感じていることに反し、この箇所の心理としては不適切。③「……ほかのことを考えて気を紛らそう」、④「……あると軽々しく言い切ることはできない」、⑤「目の前の世界の方がより現実感」も同様に、先の「（外の世界が）**確かにある**」という思いと逆方向である。

解法のポイント

〈その表現だけでは多様に解釈できてしまう〉箇所こそ、〈前後の内容と矛盾なくつながる解釈〉を考えるよう心掛けよう。

問3 傍線部の心情を推測する設問

設問のねらい

本文中に直接書かれていない心情を推測する設問。傍線部の表現を、関連する文中の記述と重ねて捉え直す力が問われる。

病で寝たきりになった子規と同じように横たわり、外の世界に思いを巡らす「私」が、「山手線」を見て「きっと乗りたかったに違いない。幾十年、幾百年も〈現代まで〉生きて、満員電車の人いきれの中で、C ゴロゴロと肉や野菜のように揺られてみたかったに違いない」と想像する場面。「ゴロゴロと……揺られ」は「満員電車」での人々の状況を示すもの。通常ならば〈苦痛〉であるそうした電車に、しかし「シキは、きっと**乗りたかった**」だろう、というのである。60行目「体験を拒絶されると拒絶の強度に応じて、**憧れ**が強まる」と重ねて考えれば、〈寝たきりになった子規（シキ）(a)には、満員電車に揺られるような生活(b)は、できなくなったからこそ〈**やってみたい**〉**と強く思われる**(c)ものとなった〉ということである。以上に合致する⑤「じっとして目や耳だけを働かせる(a)のではなく、人ごみにもまれながらほかの人々と同じように、ごく普通の生活を(b)自分の体全体で味わってみたいと思う(c)ときもあっただろう」が正解（〈病ゆえに見えて来たもの〉（問5参照）がある一方で、〈病ゆえに失ったものへの未練〉もあっただろう、ということ）。①「生き生きとした心を保つ」は〈満員電車で肉や野菜のように揺られる〉という内容や、それへの「憧れ」という方向性からズレている。②「自由のきかない体でも戸外に……」でなく「満員電車」に乗るような〈普通の生活〉を思い浮かべているところである。「満員電車」だから、③「買い物」というよりも〈通勤〉であろうし、③「精神の平衡を取り戻そうと」では「外界への**憧れ**が強まって**ほかのことが考えられな**」い状態を解消したい、という心理になってしまう（傍線部Cはむしろ「憧れ」そのものに当たる）。傍線部Cを④「自分を命の通わないものと考えて、されるがままに生きる」マイナスの状態と解したのでは、本文の「憧れ」とは逆になってしまう。

解法のポイント

文中の「体験」「憧れ」を〈満員電車に揺られるような生活〉を〈やってみたい〉ことだ、と**具体化**し、それは〈ほかの人々と同じような普通の生活〉のことだ、と再度**抽象化**することを求める設問である。共通テストではこのように〈**具体⇔抽象**〉**を往復する思考力**が試される。普段の学習から意識しておきたい。

問4 表現の特徴や効果を説明する設問

設問のねらい

文学的文章編の6でも見た表現に関する設問。本問は、文中の各所の表現を引用し、そこでの働きを問う形の出題とした。

①の引用箇所は確かに「自らの思い」について「同じ言葉を繰り返す表現」であり、①「子規庵のたたずまいを目にして驚き胸を打たれている」箇所（問1参照）である。適当。

②「**倒置法**」とは〈咲いたのだ、桜が。〉のように〈**主語↓述語などの順序を逆にすることによって印象を強める表現技法**〉。②の引用箇所は確かにこれに当たり、〈子規と同じように横たわって、子規の状態を追体験している〉場面（問2参照）なので、②後半も妥当な説明である。適当。

③の引用箇所は、③「聴覚だけで世界を受容している」箇所（問3参照）であり、「水を流す音、……あれは子供の呼ぶ声。……クラクション。鳥。犬。……」のように、③「断片的な言葉や文を連ね」て、時間経過とともに聞こえてくる音を次々に描写している箇所だから、③「『私』の意識の流れを読む者に追体験させる効果」も妥当な説明。適当。

④の引用箇所は前の「**想像**だけが肥大して、脳が膨張する」をうけたもの。それは同段落初め「見えない、けれど、確かにあるもの」についての「想像」＝傍線部Bの段落の「水を流す音……女たちの話し声……」といったもの（具体的な現実の事物）についての「想像」だから、④「知識」「観念的」というのは妥当ではない。④が「適当でないもの」つまり正解。

⑤「想念の世界から現実に戻った」は67・68行目に合致。そこでの「『シキ』の世界」＝「想念の世界」が「消えた」ことと、⑤の引用箇所の「金の目」の「猫」が「すぐに、すっと身を引き。……見つけることが出来なかった」と、一瞬見えた幻のように描かれていることとは、**イメージ的に重なる**。したがって、この「猫」が⑤「消えた『シキ』の世界がなおも印象深く余韻を残していることを**象徴する**」と解するのは、少なくとも④に比べれば**妥当性の高い解釈**だといえる。適当。

（なお、この「猫」は、『吾輩は猫である』が処女作である漱石（本名夏目金之助）と子規との関係（リード文・注4参照）を暗示するものとも思われるが、解答に関しては右のように考えられれば十分である。）

解法のポイント

・表現の設問では、〈**選択肢だけ見ているともっともらしい**〉誤答が作られるので、**本文の該当箇所を確かめること**を怠らないようにしよう。その際、❶〈**作者が何を伝えようとしている場面なのか**〉、❷〈**それを伝えるために効果的な表現のしかた**（**それを強調する表現になっている、イメージ的に重なるものである等**）**になっているか**〉に着目しよう。

・表現の設問では、100パーセント○（×）とは言い切れない選択肢も少なくないので、**迷ったら選択肢どうしを比較して**〈**より妥当性の高いものを選ぶ**〉姿勢をもつことも必要である。

問5 複数の文章を関連させて解釈する設問

設問のねらい

〈**複数の文章を関連させる設問**〉および〈**対話・討論**〉**形式**の設問の練習を行う。いずれも共通テスト特有の形式である。

【資料Ⅰ】は子規自身の文章で、本文にも「天井が遠い。ふすまが遠い。次の間などは別の世界である」（41行目）とあるように、病気で歩き回ることもままならない身には「病牀《びょうしょう》六尺」の狭い部屋でさえ「広過ぎる」という思いを述べたもの。【資料Ⅱ】は『子規からの手紙』の中の「『私』が書いたシナリオの一部分」で、「小さいものに目がゆく」こと、小さいものの中に「全宇宙」「天地万物のなりわいの秘密」を感じ取れること、その「天地万物の生命のさま」を「十七文字の」「小さな詩」（俳句）の中にこめるのだという思いを述べたもの。

①の前半は先に見た【資料Ⅰ】の内容に合致し、後半は本文の31行目以降の「私」が、「横たわ」って子規（シキ）の心中を想像していることに合致する。適当。

②の前半は本文の44行目以降に合致するが、②「人間は自らの想像力を……広大な宇宙にさえ届かせる」は、【資料Ⅱ】の〈小さいものの中に全宇宙を見る〉とはズレる。また②は「六尺の病牀が余には広過ぎる」を〈六尺の病牀でも広い宇宙を想像できる〉と解しており、先に見た【資料Ⅰ】の内容に反する（子規は〈小さいものの中に全宇宙を見た〉のではあるが、「六尺の病牀が余には広過ぎる」がそのことを表しているのではない）。②が「適当でないもの」つまり一つ目の正解。

③は先に見た【資料Ⅰ】【資料Ⅱ】の内容に合致し、適当。

④初めも先に見た【資料Ⅱ】の内容に合致。④半ばの子規についての説明は文学史の知識として適切なものであり、④「ものや情景を凝視」は③の「庭の植物の葉……といったものを……微細に観察」と重なるから、④「Cさんが指摘したことには、子規のそうした考え方が反映」も妥当な推測。適当。

『子規からの手紙』は**小説**であり、【資料Ⅱ】の「シナリオ」はさらに、その**小説の中の登場人物が書いたシナリオ**であって、**作者によって考え出されたフィクション**である。したがって、⑤「……創造されたものなのであって、子規本人の考えたことだとは必ずしも言えない」は妥当な説明。ここから、「シキ」という表記を、実在の「子規」と区別する「ためだとも考えられる」とした⑤後半も、**妥当性のある推測**だといえる。適当。

⑥「本文の44行目から46行目」を「シキの内心のつぶやき」とするのは不正確。直後に「このように見たのだろうか」とあるように、これは〈シキに見えていたものを想像した「私」の内心のつぶやき〉である。また、「話し言葉になっているぶん……わかりやすい」とは決めつけられないし、まして「小説をシナリオに書き換える」ことの目的を「受け手に対してより伝わりやすい表現にするため」だと決めつけることもできない。⑥が「適当でないもの」つまり二つ目の正解である。

解法のポイント

・④や⑤は**〈本文中には直接書かれていないことを、知識や論理的推論をもとに述べた〉**選択肢であるが、「明らかに適当でないもの」か否かという観点から、②や⑥に比べれば妥当性が高い、と判断する。論理的文章編1・4や文学的文章編6でも見たように、応用的・発展的思考を求める設問では、〈より妥当性の高いものはどれか〉という視点で考えていこう。

・〈対話・討論〉形式の設問では、論理的文章編2や文学的文章編5・6で見たように、まずは文章・資料の内容との一致・不一致という観点から選択肢を検討し、そのうえで、〈対話・討論の流れの中での話のつながり〉（本問では③↓④）や、応用的・発展的思考に関わる選択肢（前項参照）などにも注意しよう。

8 「むかで」「赤蛙《あかがえる》」 島木健作《しまきけんさく》

▼解答（配点45点）

問	解答	配点
問1	(ア) ③　(イ) ④	各3点
問2	③	7点
問3	B ⑥　C ③	各4点
問4	②	8点
問5	④	8点
問6	a ⑤　b ①	各4点

／45点

問題の概要

小説に近い筋立てをもつ随筆（随筆的な小説）二編の一節を用い、**〈複数の文章・資料を組み合わせる〉**共通テストの文学的文章問題の特徴を踏まえ、ありうる出題の形として作題したものである。**〈文学的文章でも、勝手な想像や恣意的な解釈を行うことなく、文中の記述に基づいて解答する〉**という基本的な考え方に加え、**〈直接書かれていないことを論理的に推測する〉〈複数の文章の関連性をつかむ〉〈因果関係を的確に捉える〉**といった共通テスト特有の設問の練習も行う。

予想問題　問題 ▼本冊102ページ

問2が〈やや易〉、問5が〈難〉、他は〈標準〉。

文章・資料

【文章Ⅰ】

「結核」（「一九四六年」当時は死の可能性も高い病気）で療養中の「私」の心理を描いた文章。ある日「私」は、枕元の洗面器に迷い込んだ「百足《むかで》」が出られなくなっているのを見て、**自力で逃げ出すことを期待し**殺さずに待ち続ける。しかし、百足は逃げることのできないままやがて気力尽きたように見え、「私」は、かつて見た、急流を渡ろうと試み続けて力尽きた赤蛙に比べて、百足には**「内からの意志」がなくみじめな醜さがあるばかり**だと感じ、妻を呼んで百足を殺させる。妻は百足を地上に放ってから殺したが、**地の気を吸った途端百足が生気を取り戻して**妻を狼狽《ろうばい》させたと聞いて、「私」は百足を可哀《かわい》相《そう》に思い、殺させたことを後悔する。

【文章Ⅱ】

【文章Ⅰ】で触れられていた赤蛙のことを描いた小説の一節。急流を渡ろうとしては流されることを繰り返す赤蛙を見た「私」は、やがて赤蛙が**容易に渡れそうな場所を避けあえて困**

難な場所を渡ろうと挑み続けているのだと思うに至る。赤蛙はさらに挑戦を続けるが、ついに力尽きるのだった。

問1 語句の意味の設問

設問のねらい
文中の語句の意味を問う設問。**語意の知識が問われる。**

(ア)の「笑止」は〈おかしいさま・ばかばかしいさま〉の意で、正解は③。漢字に引きずられて⑤を答えたりしないよう注意。

(イ)は〈よそよそしい〉を動詞化した形で、〈調和しない（なじんでいない）感じである〉といった意。④「しっくりしない様子である」が正解。直前「つるつるした瀬戸引《せとびき》は百足の足にはひどく都合のわるいものらしい」などからも見当がつくだろう。①⑤は**〈ここにあてはめて一応通じるが、語意として違う〉**誤答（文学的文章編5の問1「解法のポイント」参照）。

問2 傍線部の心理の理由を説明する設問

設問のねらい
傍線部の心理が生じた理由を捉える設問。共通テストの特徴である、**因果関係を的確に把握する論理的思考力**が問われる。

傍線部Aに至る展開を見てみよう。

❶「私」が洗面器のなかの百足を発見し、妻を呼ぶ
❷妻は百足が**外へ這《は》い出した瞬間を打とう**と構えている
「私」も気をつけて見ている
↓
❸百足が**外へ出られないようだ**と「私」は**気づき、**
A いくらか安心した余裕をもって
なおしばらく観察することにする

❷で「気をつけて見ている」のは**〈いつ出て来るかわからない〉と思って**緊張しているからである。したがって、そこから「いくらか安心した余裕をも」てる状態へと変化したのは、**〈すぐには外へ出られないようだと気づいたから〉**だということになる。正解は③。

①は❷の「気をつけて見てい」た時点のことで、❸の〈安心・余裕〉とはむしろ逆の心理。〈妻が身構えているから夫は余裕をもてるのだ〉などと**勝手に考えず、本文の記述をきちんとおさえ**、右のように**〈変化〉をつかんだうえで解答する**必要がある。

②は〈百足が外へ出られない〉ことを直接指摘しておらず、これだけでは〈安心・余裕〉の理由にはならない。

④は、「出ようとはしない（意志の不在）」を「いや」と否定して「出られぬ（不可能）」と言い直している本文の記述に

反する。

⑤は〈安心・余裕〉をもつことができた〈理由〉ではなく、その〈結果〉である（〈観察しようと思ったから→A安心・余裕をもった〉のではなく、〈百足が外に出られないと思ったから→A安心・余裕をもち→観察しようと思った〉のである）。

解法のポイント

・小説問題では、**心理や状況の〈変化〉の把握を前提とした設問**がよく見られる。読解の際に、**心理や状況が〈いつの時点でどうなったか〉を正確に把握するようにしよう。**

・**〈本文に書かれてはいるが、問われていることの"理由"ではない〉〈"理由（原因）→結論（結果）"の順序が逆になっている〉**などの誤答に注意しよう。

問3 傍線部の理由となる心情を説明する設問

設問のねらい

二つの傍線部の理由を説明する設問。**本文の記述をきちんとおさえるという小説問題の基本が問われる。**

傍線部Bのあとに「『逃げられたら逃がしてやろう……』」とあり、さらに「『昼までのばしてやれ。』」（29行目）のあとに「**間のわるい所**（問1(イ)で見た〈**百足の足では登れない**瀬戸引の洗面器のなか〉）へ落ち込んだ」「彼自身の全能力を発揮……できる……場所で叩《たた》き殺されるのは、戦いであって、打つ方も打たれる方もさっぱりするだろう（＝実際には、洗面器という"**百足の全能力を発揮できない場所**"なのだから、そこで人間が叩き殺すのは、不公平で**百足に悪い気がする**）」「**彼自身の不注意とさえもいえぬ不幸**なのだから、なるべくは、**助けてやりたかった**」（a）と、「助けてやりた」いと思う理由が書かれている。続けて「**彼自身の力でその窮境から脱出する**のを黙認するということで、助けたかった」（b）ともある。aに合致するのが⑥、bに合致するのが③である。そして、③「……という願いを捨てきれなかったから」は、傍線部Bではなく、「……もう望みはない。Cしかし私は尚《なお》のばした」とある傍線部Cのほうにふさわしい（望みはないとわかってはいるが、しかしなお〈望みを捨てきれない〉のである）。正解は、Bが⑥、Cが③。③の「運命」は「偶然の不幸」「間のわるい所へ落ち込んだ」（30行目）などに合致する。B・Cは同方向の心理だが、問2同様**〈どの時点での心理か〉を意識すること**で解答を決められる設問である。

①・⑤はaの〈助かってほしい〉という思いと、④「偶然の幸運もまたもたらされるはずだ」はbの〈自分自身の力で脱出してほしい〉という思いと、それぞれ逆方向。②「憐《あわ》れみの心が……」は「同情は全然起《おこ》らなかった」（38行目）に反する。

問4 傍線部の理由を他の文章と関連させてつかむ設問

設問のねらい

共通テストでは、文学的文章でも**〈複数の文章を題材にした問題〉が出題される。文章間の関連性をつかむ力**が問われる。

傍線部D「内からの**意志**があった」につながる表現は、**【文章Ⅱ】**の8行目からの「**意志が働いている**のだとしか思えない……赤蛙はある目的をもって、**意志をもって、敢《あえ》て困難に突入している**のだとしか思えない」であり、これは1～5行目の「ゆっくりとした流れ」もあるのにそこを渡ろうとせず、「わざわざ」「速い流れ」を「えらぶ」という内容をうけている。これに合致する②が正解。

①「天敵」は、11行目「赤蛙を一呑《の》みにするような何か……というようなことも考えてみた。しかし……そんなことを抜きにしてさきのように考えることの方が自然だった」とあるように、「私」が〈いったん想像してみたが否定した〉ものである。

③「生きのびるため」④「生きのびてきた」⑤「生活本能」は、8行目〈どこを渡れば容易であるか、あの小さな淵がそれである〉ことを知っており、そこを渡る〉の方向であって、赤蛙に対する先のような筆者の把握とは逆方向。

解法のポイント

〈複数の文章を題材にした問題〉で、〈一方の文章に関する問いを、他方の文章をもとに答える〉設問では、まず設問の要求や条件を的確に把握し、それを頭に置きつつ文章を見渡して、必要な情報を取り出すようにする。

問5 傍線部の心情を推測する設問

設問のねらい

多義的に解釈されうる傍線部について、心情を推測する設問。共通テストの特徴である**〈論理的推測〉を、文学的文章の解釈において行う力**が問われる。

傍線部Eに至る記述を振り返ってみよう。筆者の心情は〈百足に対する同情が起こらない〉状態（38行目など）から、〈洗面器から出て**地面に戻った**瞬間、百足が**本来の元気を取り戻した**〉と聞いて、〈可哀相なことをしたとはじめて思った〉（50～53行目）というふうに〈変化〉している。

百足に対する同情は全然起こらなかった

百足　気力尽きた感じ

急流を渡ろうとして気力尽きた赤蛙には
内からの意志があった・美しさがあった（のに対し）
百足にはみじめな醜さがあるばかりだった

←

「私」は妻を呼んで百足を殺させた
妻は百足を**洗面器**から出し、**地上**に放ってから殺した
E **地の気**を吸った瞬間、百足は**本来の元気を取り戻した**
それを聞いて私は心を打たれた。
可哀相なことをしたという気がはじめてしたが、後の祭り

①は右の「気力尽きた感じ」➡「本来の元気を取り戻した」➡「心を打たれた」という流れに合致し、「適当」。また、〈**地面＝「自然界」**（40行目）**に戻りさえすれば本来の元気を取り戻せたのだ**〉という思いは、裏返せば〈**洗面器＝「人工の世界」**（40行目）**から自力で脱出するのは百足にとってきわめて困難なことだったのだ**〉との思いであることになる（39～41行目で考えていた以上に困難なことだったのだ、と「私」は気づいたのだ）ので、②も「適当」。その〈困難さ〉を思い知ったところから、⑤「百足を赤蛙と比べ、醜いと決めつけ」（て殺させ）たことを「申し訳なく思」った、というのも、成立しうる推論である（**【文章Ⅱ】**にあるように、**赤蛙が挑んだ**のはあくまで急流＝「**自然界**」である。〈**百足は自然界に戻って元気を取り戻した**〉と聞いて、〈**人工の世界で苦しんでいた百足を、自然界に挑んでいた赤蛙と比べるのは、そもそも不当なことだった**〉と感じたのである）。

残る③・④のうち、どちらがより「**適当でない**」といえるか。④は、まず「死ぬ前にもう一度土の上を這わしてやろうという妻の思い」が、本文には51行目「……あったかどうか」としか述べられておらず、確定できない内容である。また、もし妻にそうした思いがあったと解するにしても、「**妻の思いが**、百足をよみがえらせた」とするのはおかしい（よみがえらせたのは「**地の気**」である）。「私」が「心を打たれた」のも、「妻の思いが、百足をよみがえらせた」ことに対してではない〈洗面器から出て地上に戻ったら百足がよみがえった〉ことに対してである）。④が「**適当でないもの**」つまり正解。

一方、③「病気と闘う」「私」（リード文にある「結核」は、当時は死ぬ可能性もかなり高い病気）が〈洗面器に落ち込んだ状況と闘う〉百足に自らを重ねていたのだと考えれば、百足に〈自身の力で脱出してみせよ〉（33行目）と期待し、殺すのを何度ものばしたことも納得できる。そして③「病気と闘う身」の人間が「百足が最後に見せた生きる力に感慨を覚え」るというのは自然な心理である。以上から、④に比べれば③のほうが〈妥当な推論〉として「適当」だと判断できる。

解法のポイント

文学的文章で、直接書かれていないことを推測する設問では、本文の記述を根拠に〈より妥当な推測〉といえる選択肢を「適当なもの」と判断するよう心掛けよう。

問6 表現の特徴と働きを説明する設問

設問のねらい

文学的文章編の6・7でも見た表現に関する設問。共通テストではさまざまな形式での出題が考えられるので、本問では「評」に対応する表現を選ぶ形で作問した。

a 「否定表現を多用」といえるのは⑤と、強いていえば③（他は「否定表現（「〜ない」など）」が用いられているとしても「多用」といえる回数ではない）。しかし、③は「助けたくは思う。しかし素直に同情が起らない」のように、相反する気持ちの間で揺れるような心理状態について述べている箇所だから、a「……考えを強く肯定し、確信する思いを伝える」ものとはいえない。一方、⑤は「……としか思えない」と繰り返している箇所だから、「強く肯定し、確信」という評にふさわしい。aの正解は⑤。

b 「現在形止め」は②以外すべてに用いられている。だが、このうち⑤・⑥には「比喩表現」がない（⑥の「押し流されてしまうように見えた」は**〈あるものを別のものにたとえる〉比喩**の〈ようだ〉ではなく、〈実際の情景についての推測や判断〉を示す〈ようだ〉である）。また、②・④は「同じように繰り返される情景」について直接述べたものではない。①か③だが、③で「情景」に当たりそうな「知人のなかなどによく、夜片足を溝泥《どぶどろ》のなかに突っ込んだような」は、実際の情景ではなく、さまざまな「不幸」をたとえた比喩表現である。したがって、この「情景」を「読む者の眼前に浮かび上がらせるように描こうとしている」と評するのはおかしい。一方、①は、洗面器の表面を登るさまを〈山を登る〉とたとえた「比喩表現」や、「……はじめる。……出来る。」をはじめとする「現在形止め」を用いつつ、「……辷《すべ》り落ちる。それを何度も繰り返している」と、b「同じように繰り返される」実際の情景を描いているのだから、「読む者の眼前に浮かび上がらせるように」も妥当である。bの正解は①。

解法のポイント

- **文中の表現とそれについての説明との対応の適否を判断する設問は、**似たような箇所で迷わされる場合、右のように**要素ごとに比較して、最適のものを選ぶ**ようにする。
- **〈現在形止め〉**は、多くの場合**〈できごとが今まさに起こっているような印象（臨場感）を与える〉**ために用いられる。

9 気候変動が健康に与える影響

▼解答（配点20点）

問1 (i)	問1 (ii)	問2	問3 (i)	問3 (ii)
①	②	③	③	②
3点	3点	5点	4点	5点

20点

問題の概要

図表を含む複数の資料を題材として、複数の資料の比較・統合、資料をもとにした応用的・発展的思考、〈生徒の学習場面〉の設問の出題パターンとして〈資料をもとにした生徒の対話〉形式の練習も行う。

難易度は、問1(i)・問3(ii)が〈やや難〉、他は〈標準〉。

文章・資料

〈前書き〉に「【資料Ⅰ】（文章、図、グラフ1～グラフ3）と【資料Ⅱ】は、気候変動が健康に与える影響について調べていたひかるさんが見つけた資料の一部」だとある。

【資料Ⅰ】 文章 は「健康分野における、気候変動の影響について」述べた文章（以下、各形式段落を1～6で示す）。

1「気候変動による気温上昇は熱ストレスを増加させ、熱中症リスクや暑熱による死亡リスク、その他、呼吸器系疾患《しっかん》等の様々な疾患リスクを増加させる。」

2「気温の上昇は感染症を媒介する節足《せっそく》動物の分布域・個体群密度・活動時期を変化させ」、「国内での感染連鎖が発生することが危惧《きぐ》される。」

3「外気温の変化」が、「水系・食品媒介性感染症やインフルエンザのような感染症類」の発症リスクや流行パターンを変化させる。

4「極端な気象現象の増加に伴い自然災害が発生すれば、被災者の暑熱リスクや感染症リスク、精神疾患リスク等が増加する可能性がある。」

5「2030年代までの短期的には、温暖化に伴い光化学オキシダント・オゾン等の汚染物質の増加に伴う超過死亡者数が増加するが、それ以降は減少することが予測されている。」

図 は、実際の気候変動の内容と、それらが環境や人間の健康に与えるさまざまな影響を、文章 の内容をも含めてフローチャートにしてまとめたもの。グラフ1～グラフ3は、文章および図の内容に関連する諸事象についてのデータを示すものである。

【資料Ⅱ】 新たな地球温暖化対策について論じた文章。地球温暖化対策は原因となる**温室効果ガスの排出を削減する「緩和策」**を中心に進められてきたが、それでは地球温暖化の進行を完全に制御することはできないことから、その影響を抑えるために「私たちの**生活・行動様式の変容や防災への投資**といった**被害を回避、軽減するための『適応策』**」が求められ、また健康影響が生じた場合、住民の医療ニーズに応えて健康水準を保持するために、**不足するリソースや必要な施策を特定すること**が望まれる。さらには、「**緩和策と健康増進を同時に進めるコベネフィット**を追求していくこと」も推奨される。

問1 文章と図の関係を捉える設問

設問のねらい

文章と図を比較・統合することを求める設問。図を適切に読み解く力が試されている。

(i) 文章における下線部ⓐ～ⓔを図と照合していく。

下線部ⓐに関しては、図の「気候・自然的要素（A）」最上段左端に「**気温上昇**」とあり、そこから「気候変動による影響（B）」最上段左端の「**熱ストレスの増加**」へと矢印が示されているので、図示されているといえる。

下線部ⓑに関しては、まず下線部ⓑの直前にある、「**熱中症リスク**や**暑熱による死亡リスク**、その他、**呼吸器系疾患等の様々な疾患リスクを増加**させる」と区別しよう。これについてはB最下段の左二つに「**暑熱による死亡リスク・熱中症リスクの増加**」、「**心血管疾患死亡・呼吸疾患死亡リスクの増加**」として示されている。しかし、そこからさらに「暑熱に対して脆《ぜい》弱《じゃく》性が高い高齢者」を取り上げ、「暑熱による超過死亡」を指摘した下線部ⓑの内容は図に書かれていない。よって、下線部ⓑが図では省略されているものの一つ目である。

下線部ⓒに関しては、A最上段左端の「**気温上昇**」からB最上段中程の「分布・個体数の変化　・蚊・ダニ等の**分布域拡大・個体群密度増加・活動時期の長期化**　・衛生害虫・宿主動物の活動活発化」へと矢印が示され、そこからさらに最下段の「**節足動物媒介感染症リスク**、刺咬《しこう》被害の**増加**」へと矢印が下りているので、図示されているといえる。

下線部ⓓに関しては、B最上段右端に「**自然災害発生**に伴うライフラインの停止」とあり、そこから最下段の「**避難生活の長期化に伴う熱中症・感染症・精神疾患リスクの増加**」へと矢印が示されているので、図示されているといえる。

下線部ⓔに関しては、前半の「**温暖化に伴**」う「**光化学オキシダント・オゾン等の汚染物質の増加**」の部分は、A最上段左端にある「**気温上昇**」からB最上段左から二つ目にある「**大気汚染物質（オゾン等）の生成促進**」への矢印で示されているが、後半の（２０３０年代までの短期的には、）「超過死亡者数が増加するが、それ以降は減少することが予測されている」は図のどこにも書かれていない。よって、下線部ⓔが図では省略されているものの二つ目である。

正解はⓑとⓔの組合せである、①となる。

(ii) 文章と図、および選択肢とを照合していく。

① B最上段が主に「環境」への「影響」に関する項目であり、最下段が「健康面への影響」に関する項目であるので、これらは「整理して図示」されている。また文章の1〜4の内容に対応する項目が挙げられているので、「文章の内容を読み手が理解しやすいように工夫している」といえる。適当。

② 「気温上昇」が「降水量・降水パターンの変化」や「海水温の上昇」を招くという内容は、文章のどこにも書かれていない。また図でも、これらはA最上段に並列されていて矢印で結ばれていないことから、これらの「因果関係」は図示されていないことがわかる。適当でない。よってこれが正解である。

③ AとBは図の左端に大きい項目として挙げられており、全体がこの二つの項目に「分けて整理」されていて、またこれらに属する各項目どうしの因果関係が矢印で示されているので、「どの要素がどのような影響を与えたかがわかるように提示」されている。適当。

④ Aに属する各項目から、Bに属する各項目へと矢印を下ろして、どの「現象」がどのような「影響」を及ぼしたのかを「図示」しており、下に複数の矢印が下りている項目もあるので、「特定の現象が複数の影響を生み出し得ることを示唆している」といえる。適当。

⑤ 「健康分野が受ける」「影響」については、B最下段に並列されているが、文章の6に「気候変動による健康面への影響の**概略**〈＝おおよその内容〉」を示した図だとあり、また(i)で見たように、文章で言及されながら図では省略されている項目があるので、「いくつかの事象に限定して」図示しているといえる。適当。

解法のポイント

文章中のどの内容が図のどの項目に対応しているのかを的確に判断する。図の読解では、矢印や線などで示される、項目相互の関係や因果関係に注意する。

問2 複数の【資料】を比較・統合し、選択肢の内容を判断する設問

設問のねらい

文章の論旨を読み取る読解力が求められている。図やグラフを正確に読み取り、それらを含む複数の資料の対応関係をつかみ比較・統合して考える力が試される設問。

ア 前半の「気候変動による**気温の上昇**は、**冬における死亡者数の減少**につながる」に関しては、**【資料Ⅰ】**図のA左端に

「気温上昇」とあり、そこから「冬季の気温上昇」、さらにはB中段の「冬季死亡者数の減少」へと矢印が示されているので「正しい」。後半の「高齢者を中心に熱中症や呼吸器疾患など様々な健康リスクをもたらす」も、【資料Ⅰ】文章の1に着目すれば、「気候変動による気温上昇は……熱中症リスクや……呼吸器系疾患等の様々な疾患リスクを増加させ」、「特に……高齢者を中心に……」とあることから、読み取ることができる。よって、アは「正しい」（もっとも、【資料Ⅰ】に「高齢者」と「暑熱」の関係については言及されていても、「呼吸器疾患」との関係については厳密に言えば示されていない。その点を鑑みればア「判断できない」となるが、アが「判断できない」である⑤はイとエが誤りであるので、最終的にはアは「正しい」と判断することになる）。

イ【資料Ⅰ】グラフ2に着目しよう。グラフに関しては、見出しと具体的説明の内容を踏まえることが大切である。グラフ2は「日本の年降水量偏差《へんさ》の経年変化」を表しており、下部で「棒グラフは……国内51地点での各年の年降水量の基準値からの偏差を平均した値を示している。0を基準値とし、上側の棒グラフは基準値と比べて多いことを、下側の棒グラフは基準値と比べて少ないことを示している。基準値は1981〜2010年の30年間の平均値」と説明がなされている。このことを踏まえてグラフを見ると、イ「一九〇一年から一九三〇年の三〇年間」の「年降水量」では、基準値を下回った年が8回あり、一番低い年でも－200mm未満にとどまっていて、逆に基準値を上回った年は22回あり、このうち200mmを上回った年が6回ある。このことから、一九〇一年からの三〇年間の降水量の平均は、「基準値」である「一九八一年から二〇一〇年の三〇年間」の平均よりも多いということがわかるので、後者のほうを多いとするイは「誤っている」ということになる。

ウ「台風の発生数」に関しては、まず【資料Ⅰ】グラフ3「台風の発生数及び日本への接近数」に着目しよう。グラフの下部に「点線は平年値（1950年〜2020年の平均）を表す」と説明がある。ウ前半に「台風の発生数が平年値よりも多い年は日本で真夏日・猛暑日となる日が多く」とあるが、「台風の発生数が平年値よりも多い年」については、グラフ3にある点線より上の部分に着目して読み取ることができても、「真夏日・猛暑日」に関しては【資料Ⅰ】や【資料Ⅱ】では言及されていないので、それらと「台風の発生数」との因果関係は「判断できない」（真夏日とは最高気温が三〇度以上の日、猛暑日とは三五度以上の日のことをいう）。ウ後半「気温や海水温の上昇と台風の発生数は関連している可能性がある」に関しては、【資料Ⅰ】図のA最上段右端に「海水温の上昇」とあり、そこから「極端な気象現象（大雨、強い台風の発生割合）の増加」へと矢印が示されているので、「海水温の上昇」については「正しい」といえても、「気温上昇」からは矢印が示されていないので、（常識的には「気温上昇」→「海水温の上昇」→「極端な気象現象（大雨、強い台風の発生割合）の増加」といえたとしても）図からは「判断できない」。よってウは全体として「判断できない」。

エ　**【資料Ⅱ】**の趣旨を読み取ろう。地球温暖化の対策として、これまでその原因となる温室効果ガスの排出を削減する「緩和策」を中心に進められてきたが、それでは地球温暖化の進行を完全には制御できないことから、被害を回避、軽減するための「適応策」が求められ、緩和策と健康増進を同時に進めるコベネフィットを追求することが必要だと筆者は述べている。**エ**は以上の内容に合致する。よって、「正しい」。

以上から、正解は③である。

なおこの設問の場合は、最も判断のつきやすい〈**エ**「正しい」〉で選択肢を③と④に絞り、さらに〈**ア**「正しい」〉で③に絞った上で、③の**イ**と**ウ**を確認する、という手順で解答することもできる。複数のものの組合せの設問では、〈最も判断のつきやすいものから決めていく〉ことも考えてよいだろう。

解法のポイント

図やグラフの読解では、見出しと具体的説明の内容を踏まえて考える。選択肢の正誤を、複数の資料と比較し照合して的確に判断することを意識しよう。

問3　〈複数の資料の比較・統合〉〈応用的・発展的思考〉の設問

設問のねらい

文章の内容を、〈抽象〉（＝筆者の主張）と〈具体例〉とに分けて読み解く力が求められている。〈生徒の学習場面〉〈複数の文章・資料の比較・統合〉〈応用的・発展的思考〉の設問。〈生徒の対話〉に沿って応用的・発展的に考える力が試されている。

(i)　**【資料Ⅱ】**では、地球温暖化対策に関し、原因となる温室効果ガスの排出を削減する「緩和策」だけでは限界があることから、いくつかの「取り組み」が挙げられている。

(1)　私たちの生活・行動様式の変容や防災への投資

＝被害を回避、軽減するための「適応策」

「例えば」＝〈具体例〉

環境省の熱中症予防情報サイト

・熱中症予防の様々な工夫や取り組みを紹介する

・保健活動にかかわる人向けの指導マニュアルを公開する

(2)　健康影響が生じた場合、住民の医療ニーズに応えるために、不足するリソースや必要な施策を特定する

「例えば」＝〈具体例〉

・現行の救急搬送システムですべての熱中症患者を同じ水準で搬送可能なのか、医療機関などは足りるのか、とい

ったことを評価し対策を立案する
(3) 緩和策と健康増進を同時に進めるコベネフィットを追求していく
「例えば」＝〈具体例〉
・自動車の代わりに自転車を使う
・肉食を減らし、野菜食を中心にする
↓
コベネフィットの社会全体での追求には、各セクターで縦割りになりがちな適応策に横のつながりをもたらす期待がある

これらの内容をレポートの第3章と照合すると、aとbが(1)に、dが(3)に対応している。よってcの空欄Xに入るのは(2)の内容ということになる。正解は③。

他の選択肢を検討しよう。①と②は(1)の〈具体例〉である。a、b、dに挙がるのが〈抽象〉レベルの事項である以上、cも同様でなければ整合性が取れないので、〈具体例〉は解答になりえない。④も(2)の〈具体例〉であるので誤り。⑤は(3)＝d「コベネフィットを追求すること」の結果として期待される事柄であって、「健康のために取り組むべきこと」自体ではないし、dが(3)の内容である以上、cに(3)に関連する事柄は入りえない。

(ii) 各選択肢を検討してみよう。

① テーマである「気候変動が健康に与える影響と対策」は、「気候変動が健康に与える影響と〈その健康への影響に対する〉対策」とも「気候変動が健康に与える影響と〈その気候変動に対する〉対策」とも読める。Aさんはそのことを指摘している。「ひかるさん」のレポートは、最初の〈前書き〉に「気候変動が健康に与える影響について調べていた」とあるように、前者。そのことが「明確になるように」テーマを「表現すべきだ」とAさんは述べたのである。適切な助言。よって、正解にならない。

② まずは、【資料Ⅰ】文章に着目しよう。レポートの第1章aは 1 にある「気候変動による気温上昇は……暑熱による死亡リスク……様々な疾患リスクを増加させる」に対応しており、cは 4 にある「自然災害が発生すれば、被災者の暑熱リスクや感染症リスク、精神疾患リスク等が増加する可能性がある」に対応している。bの「感染症の発生リスクの増加」は 2 と 3 を踏まえたものになるが、どちらにもBさんの言う「大気汚染物質」を原因とする「感染症」についての言及はない。さらに【資料Ⅰ】図にも着目しよう。「大気汚染物質」に関しては、B最上段左から二つ目に「大気汚染物質（オゾン等）の生成促進」があるが、ここから示される矢印は「心血管疾患死亡・呼吸疾患死亡リスクの増加」に向けてだけであって、「感染症」に関するどの項目とも結びつけられていない。つまり、「大気汚染物質」と「感染症」との間には、特に因果関係がないことになる。以上から、「感染症の発生」の「原因」を「大気汚染物質」とするBさんの指摘は誤りである。よって、これが正解。

③ レポートの第2章で取り上げられるのは、【資料Ⅰ】グラフ1～グラフ3であるので、Cさんの言うように「気

候変動に関するデータだけ」である。また、【資料Ⅰ】図では、A最上段にあるさまざまな「気候変動」の項目から、B最下段にあるさまざまな「感染症や熱中症」などの項目に向けて、いくつもの矢印で関係性が示されているが、「気候変動」による「感染症や熱中症の発生状況」の具体的な「推移」は不明である。Cさんは、その実証的な「データ」を「提示できると」、両者の因果関係がより「明確になる」と述べたのである。適切な指摘である。よって、正解にならない。

④ レポートの第1章a～cはDさんの言うように「気候変動が健康に与えるリスク」である。これらは「気候変動」を〈原因〉とするが、それを「ひかるさん」は第2章で取り上げている。つまりは、〈結果〉と〈原因〉の順序が逆である。レポートのテーマが「気候変動が健康に与える影響と対策」であるので、レポートを書く順序としては、「気候変動」がどのような状況にあり〈原因〉、それがどのように「健康」に「影響」を与え〈結果〉、そのことに対してどのような「対策」がありうるか、としたほうが「流れ」としてはよいといえる。よって、「第1章と第2章は入れ替え」、〈原因〉＝現 第2章→〈結果〉＝現 第1章→〈対策〉＝第3章の形にすることを勧めるDさんの助言は適切だといえる。よって、正解にならない。

⑤ 「第1章から第3章」で取り上げられるのは【資料Ⅰ】と【資料Ⅱ】を整理したものであるので、Eさんの言う「事実」や「資料」の「紹介だけ」のように見えるという指摘は妥当である。**レポートは、「はじめに」＝〈序論〉→調べたこと＝〈本論〉→考察や提言、まとめ＝〈結論〉→参考文献という構成をとる。**「ひかるさん」のレポートの最後に「おわりに：調査をふりかえって」とあるが、これでは〈結論〉を述べるのか、調査に関する感想を書くのかが明瞭でないので、第3章のあとに「考察」として〈結論〉を明示したほうがレポートとしてより適切な形式になる。問3の設問文に「気候変動が健康に与えることを知り、高校生として何ができるか」を「ひかるさん」は「考えた」とあるので、その考えたことを「考察」としてまとめればよいのである。適切な助言である。よって、正解にならない。

解法のポイント

〈生徒の作成したメモやレポートなどを推敲する設問〉では**❶資料などに基づく内容的な正誤**をチェックする。そのうえで、**❷〈文章の書き方〉や〈構成のしかた〉についての指摘**などは、**それが妥当性のある内容であるのか**を検討する。

10 役割語

解答（配点20点）

問1	②	4点
問2	③	3点
問3	③	3点
問4	② ④	各5点（順不同）

/20点

問題の概要

図表を含む複数の資料の比較・統合、生徒作成という想定の文章をもとにした応用的・発展的思考の練習を行う。
難易度は、問3・問4が〈やや難〉、他は〈標準〉。

文章・資料

【資料Ⅰ】「小学生〜高校生」約11000人を対象に**「性別による言葉遣いの違い」**についてたずねた調査の結果。**〈男女の言葉遣いは同じだと思うか〉**という問いに対しては**〈違いがある〉**と認識している人が多く、「このバスに乗ればいいのよね?」「このカレーライスうまいね!」といった言葉遣いについてはそれぞれ**〈女の子の話し方〉〈男の子の話し方〉と認識して**いる人が多いが、それらを〈自分は使うかどうか〉という問いに対しては、**〈女の子らしい〉とされる言葉遣いを使用する女子は必ずしも多くなく**、逆に**〈男の子らしい〉とされる言葉遣いを使用する女子は少なからず存在する**、といった結果である。

【資料Ⅱ】「**役割語の定義**」に関する文章（以下、各形式段落を[1]〜[3]で示す。金水敏《きんすいさとし》『ヴァーチャル日本語 役割語の謎』からの引用は[1]に、具体例a〜fは[2]に含める）。「**ある特定の言葉遣い**（語彙《ごい》・語法・言い回し・イントネーション等）を聞くと**特定の人物像**（年齢、性別、職業、階層、時代、容姿・風貌《ふうぼう》、性格等）**を思い浮かべることができるとき**、あるいは**ある特定の人物像**を提示されると、**その人物がいかにも使用しそうな言葉遣いを思い浮かべることができる**とき、その言葉遣いを『**役割語**』と呼ぶ」(1)。役割語は、「特定の話し方あるいは言葉遣いと特定の人物像（キャラクタ）」の連合であり、「**ステレオタイプの言語版**であるとも言える」(2)。[2]末から[3]はその具体例である。

【資料Ⅲ】「**役割語の習得時期**」に関する文章（以下、各形式段落を[1]〜[5]で示す。具体例a〜eは[3]に含める）。多くの日本語話者は、特定の言い方が女性や男性の話し方を想起させる

試作問題B 問題 ▼本冊124ページ

という知識を共有しているが、**今日の日本における現実の日常生活の中では、いかにも女性的、いかにも男性的というような表現はまれになっている**①。「日常的な音声言語に、語彙・語法的な特徴と性差に関する積極的な証拠が乏しいにもかかわらず、**多くのネイティブの日本語話者は、〈男ことば〉と〈女ことば〉を正しく認識する**」。それは、「**絵本やテレビなどの作品の受容を通して知識を受け入れている**」からである。幼児の役割語認識の発達に関する実験調査でも（以上、②・③）、**五歳児でほぼ完璧に性差を含む役割語の認識ができる**ことが分かっている④が、これは**幼児が日常的に触れる絵本やアニメ作品等に、役割語の例があふれている**からである⑤。

問1 **資料に基づいて〈生徒の書いた文章〉の空欄に入る内容を考える設問**

設問のねらい

グラフを正確に読み取るとともに、〈生徒の書いた文章〉の文脈や内容に沿って解答を考える力が試されている。

【レポート】は「言葉遣いへの自覚」という題で、ヒロミさんが自分の考えをまとめたものである（以下、各形式段落を[1]～[7]で示す。空欄**Z**も一段落として扱う）。「男女間の言葉遣いの違いは、どこにあるのだろうか」と問題提起をしたヒロミさんは、「性別による言葉遣いの違い」として**【資料Ⅰ】**に整理したアンケート結果に言及する。質問1への回答を示す円グラフに着目し、「男女の言葉遣いは同じでないと思っている人の割合は、七割以上いる」とまずは述べる。次に、質問2の回答である帯グラフをもとに、「『このバスに乗ればいいのよね？』は女の子の話し方として、『このカレーライスうまいね！』は男の子の話し方として認識されている」として、このことは「性差によって言葉遣いがはっきり分かれているという、日本語の特徴の反映ではないだろうか」とまとめている（以上、[1]）。

[2]では「一方、[**X**]にも着目すると」として、（「男女の言葉遣いの違いを認識しているものの」と[1]の内容を踏まえたうえで）「女性らしいとされていた言葉遣いがあまり用いられず（a）、逆に男性らしいとされる言葉遣いをしている女性も少なからず存在する（b）ことが分かる」と述べている。空欄**X**はここにつながる内容でなければならない。**図やグラフに関する設問では、それらを正確に読み取るとともに、生徒のレポートやメモなどが関わる場合には、その文脈や内容に沿って解答を考える必要がある。****【レポート】**と**【資料Ⅰ】**の質問2とを照合しよう。

a「女性らしいとされていた言葉遣い」に相当するのは、**【資料Ⅰ】**の質問2の「このバスに乗ればいいのよね？」であるので、この「言葉遣いがあまり用いられ」ないことを帯グラフ②で確認すれば、男女合わせた総数でも、七割以上の人が使わず、女子のグラフを見ると、使う女子も三割程度にとどまっており、六割近くの女子が使わないことがわかる。

b「男性らしいとされる言葉遣い」に相当するのは、**【資料Ⅰ】**の質問2「このカレーライスうまいね！」であるので、この「言葉遣いをしている女性も少なからず存在する」ことを帯グラフ②で確認することになる。着目するのは、使用する「女子」の割合であるので、**「男子」に関するアンケート結果や「男子」を含む「総数」に関するアンケート結果は無関係であることに注意しよう。**使用する女子の割合が33・5％であることから、ヒロミさんはこの「言葉遣いをしている女性も少なからず存在する」と述べたのである。

以上、a、bの内容を踏まえている、②が正解である。

①はbが「男子」の割合である点で、③は男子を含む「男女」＝「総数」の割合である点で誤り。④は帯グラフ②に関して「使うか分からない」女子の割合を取り上げている点でズレる。⑤の後半は「質問2」の帯グラフ①に着目したものであり、言葉遣いをするかどうかでなく、「使ってもいいと考える」かどうかを述べている点で誤り。

解法のポイント

図やグラフから読み取った内容を〈生徒の書いた文章〉の空欄に補入する設問では、文章の文脈や内容も踏まえて解答を考えることが大切である。

問2　資料の趣旨を把握する設問

設問のねらい

複数の文章・資料の中から必要な情報を探して的確に要約する力と、それらを比較し統合する思考力が試されている。

【資料Ⅱ】は、「**役割語の定義**」に関する文章。「**ある特定の言葉遣い**」を聞いて「**特定の人物像（年齢、性別、職業、階層、時代、容姿・風貌、性格等）を思い浮かべることができる**」とき、あるいは「**ある特定の人物像**」を提示されて、その人物の「**使用しそうな言葉遣いを思い浮かべることができる**」とき、その言葉遣いを「**役割語**」と呼ぶ。**役割語は「特定の人物像」と関係づけられた「特定の言葉遣い」**のことである、という趣旨である。

【資料Ⅲ】は、「**役割語の習得時期**」に関する文章。〈男ことば〉と〈女ことば〉は今日の日本の現実の日常生活の中ではほとんど用いられないにもかかわらず、多くのネイティブの日本語話者がそれらを正しく認識できるのは、「**絵本やテレビなどの作品の受容を通して知識を受け入れている**」からであり、**役割語の例があふれる「絵本やアニメ作品等」に「日常的に触れる」**ことを通して、**五歳児という幼児の段階で性差を含む役割語を「ほぼ完璧に」認識できる**のである。「**役割語」は幼児期に既に「習得」されている**、という趣旨である。

以上、**【資料Ⅱ】**と**【資料Ⅲ】**、両方の内容を踏まえているのは③である。「年齢や職業、性格といった話し手の人物像に関する情報と結びつけられた言葉遣いを役割語と呼び」が**【資料Ⅱ】**の、「私たちはそうした言葉遣いを幼児期から絵本やアニメ等の登場人物の話し方を通して学んでいる」が**【資料Ⅲ】**の内容に、それぞれ対応している。①は**【資料Ⅱ】**の内容を欠く。②は**【資料Ⅲ】**の内容を欠くうえに、「役割語とは……日本語の言葉遣いの特徴を端的に示した概念である」が**【資料Ⅱ】**や**【資料Ⅲ】**には書かれていない。ヒロミさんの**【レポート】**1にある「日本語の特徴の反映」は、**【資料Ⅰ】**を踏まえて述べたものである。④は**【資料Ⅲ】**の論の中核である「絵本やテレビなど……」「絵本やアニメ作品等には……」という内容を欠いており、またそのために、④を空欄Yに補入すると、その内容を「たしかに、マンガやアニメ……」とうける次段落への続き方も不自然になる。⑤は「成長の過程で理性的な判断によってそのイメージ（＝役割語の喚起する特定の人物のイメージ）は変えられる」が、**【資料Ⅱ】**、**【資料Ⅲ】**のどこにも書かれていない内容である。

解法のポイント

各資料の趣旨を読み取り、共通点と相違点を把握してそれらを関係づけたうえで、選択肢の適否を判断していく。

問3　資料に基づき具体例を考える設問

設問のねらい

資料や〈生徒の書いた文章〉の内容を踏まえて、その具体例を適切に判断することができるかが試されている。

各選択肢を検討してみよう。

①**【レポート】**の内容に着目しよう。空欄Zの直後の7に、役割語に関して、**「時と場所によって用いるかどうかを判断」**するなど、**「自らの言葉遣いについても自覚的でありたい」**とある。普段「家族や友だちに対してはくだけた言葉遣いで話すことが多い人」であっても、「他人の目を意識」するような**「時と場所」**に置かれた時には、〈礼儀を弁《わきま》えた人〉あるいは〈穏やかな人〉などと見られようとして、「自らの言葉遣い」を**「自覚的」**に変えて、「親密な人にも敬語を用いて」話す場合があるのである。問題は、「敬語」が「役割語」かどうかであるが、①「親密な人にも敬語を用い」るというのは、〈礼儀を弁えた人〉とか〈穏やかな人〉とかといった「性格」を「思い浮かべ」させる（**【資料Ⅱ】**1）ものだと言うことはできる。以上から①は「適当」であると判断する。

②「アニメやマンガ、映画の登場人物を真似る」は、**【資料Ⅲ】**にある、「絵本やテレビ」、「アニメ作品等」を通して、役割語の「知識を受け入れている」という内容に対応している。②の「一般的に男性が用いる『僕』や『俺』などの一人称代名詞を

用いる女性が見受けられる」については、**【資料Ⅲ】**[4]に「性差を含む役割語」とあり、その具体例として[3]のａに「おれ」、ｄに「ぼく」が挙げられているので、これらは役割語であることが読み取れ、**【レポート】**[2]でヒロミさんが「**男性らしいとされる言葉遣いをしている女性も少なからず存在する**」と述べていることに②後半は対応しているので、適当だとわかる。

③「方言」自体が〈地方の人を思い浮かべさせる言葉遣い〉である「役割語」であるので、③後半「周りが方言を話す環境で育てられた人が話す自然な方言」は「役割語」のことを意味している。これに対し、「ふだん共通語を話す人が話す不自然な方言」は、**【レポート】**[7]最後にある「自覚的」に用いた「役割語」のことである。これを、「ふだん共通語を話す人が話す不自然な方言よりも、周りが方言を話す環境で育てられた人が話す自然な方言の方が好まれる」としてしまうと、前者＝〈自覚的に用いた役割語〉より、後者＝〈本来の役割語〉のほうが「好まれる」ことになり、**【レポート】**の[7]で「**役割語の性質を理解したうえで、フィクションとして楽しんだり、時と場所によって用いるかどうかを判断したりする**」ことに「**自覚的でありたい**」とする**ヒロミさんの主張と矛盾する**ことになる。空欄Ｚに入る具体例をうけて、[7]で「以上のように……したがって」と展開する論の流れが不自然になってしまう。よって、これが適当でないものであり、正解である。

④「『ツッコミキャラ』、『天然キャラ』などの類型的な人物像が浸透し」については、**【資料Ⅱ】**の[2]に、役割語に関して「**特定の話し方あるいは言葉遣いと特定の人物像（キャラクタ）との心理的な連合**であり、**ステレオタイプの言語版**であるとも言える」とある。「ツッコミキャラ」や「天然キャラ」といった特定の「キャラ」に、「**ステレオタイプ**」＝「型にはまった」「**特定の話し方**」や「**言葉遣い**」があり、**【レポート】**[4]にあるように、その役割語が「**キャラクタのイメージ**」を「**ワンパターン**」＝「類型的な」ものにしつつ、（言葉遣いと人物像の「心理的な連合」として）「マンガやアニメ、小説などのフィクション」を通じて社会に「浸透」していくのである。④「場面に応じてそれらを使い分けるというコミュニケーション」に関しては、**【レポート】**[7]に役割語を「**時と場所によって用いるかどうかを判断したりする**」とある。「時と場所」つまりは「コミュニケーション」の「場面に応じて」「判断し」、役割語および「キャラ」を適宜「使い分ける」、ということである。適当である。

⑤**【資料Ⅲ】**[2]に「〈男ことば〉と〈女ことば〉」とあるように、「男性言葉」は役割語。本来性差のない、外国人男性選手の言葉を日本語に「翻訳」する際に、その「人物像」を想起させるような「言葉遣い」、つまりは「役割語」（**【資料Ⅱ】**）を「ことさら」選んで行っている、という内容。適当である。

解法のポイント

具体例を判断する設問では、各選択肢の内容を要素に分け、それぞれが資料や〈生徒の書いた文章〉のどの内容に対応しているのかを的確に把握し適否を判断する必要がある。

問4 〈生徒の書いた文章〉に補足する内容を検討する設問

設問のねらい

資料と【レポート】とを関連づけ、適切な内容を推測する力が問われている。

各選択肢を検討してみよう。

① 「語彙や語法」と「音声的な要素」に関しては【資料Ⅲ】の[2]～[4]に着目する。筆者が代表者を務める研究グループ[2]の「実験調査」で、**図1**を「被実験者の幼児に示し、さらに音声刺激として」a～eのような「文の読み上げを聞かせ、絵の人物を指し示させ」[3]、その結果として「性差を含む役割語の認識」が「五歳児ではほぼ完璧にできること」を導き出したのだが、ここでは**「音声的な刺激を用いたので、語彙・語法的な指標と音声的な指標のどちら」が実験において効果的だったのかが、「これからの検討課題」として残る**としている[4]。あくまで今後の「検討課題」であるので、①「語彙や語法より音声的な要素が重要である」と結論づけるのは誤り。したがって、「音声的な要素」である「文末のイントネーション」に焦点化した後半も【レポート】の主張に合わない。適当でない。

② 【資料Ⅲ】の[3]に「性差を含む役割語」[4]の具体例として、「あたし」（＝「わたし」）、「わたくし」、「おれ」、「ぼく」などが挙げられている。【資料Ⅲ】で「被実験者」である五歳児がそれぞれの言葉遣いから別の「絵の人物」を指し示した[3]ように、これらは「特定の人物像」を想起させる「特定の言葉遣い」（【資料Ⅱ】）である。【レポート】の[7]で、ヒロミさんは**「役割語の性質を理解したうえで……時と場所によって用いるかどうかを判断」**するなど、**「自らの言葉遣いについても自覚的でありたい」**と主張している。「一人称代名詞」に関しても、「時と場所」に応じて「わたし」や「おれ」などの役割語を**「自覚的」**に使い分けることで、その場にふさわしい「具体的な人物像を想起させることができる」のである。よって、②は【レポート】の主張の「論拠」となる事例となりえる。適当である。

③ 「マンガやアニメなどに登場する武士や忍者が用いるとされる『～でござる』という文末表現」は、「武士や忍者」という「特定の人物像」（【資料Ⅱ】）を想起させるので役割語だということができる。しかし、それが「江戸時代にはすでに使われていた」や、「役割語の多くが江戸時代の言葉を反映している」といった、役割語の歴史性や時代性に関することは、【レポート】のどこにも述べられていないので、ヒロミさんの主張を補足する働きをするものではない。適当でない。

④「役割語と性別、年齢、仕事の種類、見た目などのイメージとがつながりやすい」は、**【資料Ⅱ】**の[1]にある、「特定の人物像（年齢、性別、職業、階層、時代、容姿・風貌、性格等）」を想起させる「言葉遣い」を「『役割語』と呼ぶ」という内容に対応している。また、**【資料Ⅱ】**の[2]に、役割語が「**ステレオタイプの言語版**である」とあるのを踏まえ、**【レポート】**[4]でヒロミさんは「マンガやアニメ、小説などのフィクション」に言及し、**役割語**によってその「**キャラクタのイメージがワンパターンに陥ってしまう**」危険性を指摘する。そしてそのことを踏まえ、[7]で「**役割語の性質を理解したうえで……自らの言葉遣いについても自覚的でありたい**」と主張している。自分が使う役割語や、それが想起させる「人物像」を「**自覚**」**せず**に、「**ステレオタイプ**」**の役割語**を④「不用意に」用いていると、自分の「イメージ」が相手の中で一つの形に固まってしまい、④「個性を固定化して」捉えられてしまう可能性があるのである。役割語に潜む危険性に関するこのような指摘は、「**自らの言葉遣いについて**」「**自覚的であ**」**ることを主張する**ヒロミさんの**【レポート】**の論拠となる。適当である。

⑤「絵本やアニメなどの幼児向けの作品を通していつの間にか認識されるという役割語の習得過程とその影響力の大きさ」は、**【資料Ⅲ】**の[4]、[5]の内容に対応している。「役割語の例」にあふれる「絵本やアニメ作品等」に「日常的に触れる」ことで、「五歳児ではほぼ完璧に」役割語を認識できるのである。ヒロミさんは**【レポート】**の[4]で、「マンガやアニメ、小説などのフィクション」において、役割語が「効率的にキャラクタを描き分ける」ことを可能にすることと、「**ステレオタイプ**」（**【資料Ⅱ】**）の言語使用が招く、「イメージ」の「ワンパターン」化の危険性とを述べてはいるが、⑤「幼児教育」で「子どもの語彙を豊かにする可能性がある」ことを主張してはいない。「**ステレオタイプ**」**は**「**豊かさ**」**とは反対方向の内容**。適当でない。

⑥「役割語であると認識されてはいても実際の場面ではあまり用いられないという役割語使用の実情」は、**【資料Ⅲ】**で「性差を含む役割語」(4)に関し、「現実に出会うということはほとんど考えにくい」(5)と述べられていることに対応している。しかし、たとえ現実世界で出会うことはあまりなくとも、「絵本やアニメ作品等には、**役割語の例があふれている**」のであって、「役割語の数が将来減少してしまう可能性がある」という内容を、**【レポート】**から読み取ることはできない。また、「役割語の数が将来減少してしまう」は、そのことをマイナスに捉える言い方であるが、そのような方向性も**【資料】**にも**【レポート】**にも見られない。適当でない。

解法のポイント

本文をもとにした発展的・応用的思考が問われる設問では、資料や〈生徒の書いた文章〉の内容を的確におさえ、各選択肢と照合してその適否を判断していくことが大切である。

11 オーバーツーリズム

▼解答（配点20点）

問1	問2		問3	問4
④	(i) ④	(ii) ③	②	④
4点	各4点		4点	4点

／20点

問題の概要

図表を含む複数の資料を題材として、**複数の資料の比較・統合、資料をもとにした応用的・発展的思考、生徒作成という想定の文章・資料の推敲といった**、資料型総合問題特有の設問の演習を行う。

難易度は、問3・問4が〈やや難〉、他は〈標準〉。

文章・資料

「オーバーツーリズム」について生徒が調べるうちに見つけたもの、という設定で複数の資料が並べられている。**【資料Ⅰ】**は「オーバーツーリズム」とは〈観光客の過度な増加等がもたらす負の影響〉だという「定義」。**【資料Ⅱ】**は「オランダ・アムステルダムのオーバーツーリズムについて」で、A は〈アムステルダムは「経済浮揚《ふよう》の期待」もあって観光振興をはかったが、その結果問題が生じ始めた〉と述べた文章。B はアムステルダムの宿泊者数やホテル数などがほぼ右肩上がりで増えていることを示すグラフ。C は「アムステルダム市のオーバーツーリズム対策」を年表形式で示した表で、観光に関するさまざまな要素についての「制限」「禁止」や観光関係の税金等を上げるといった〈抑制〉方向の施策が目立つ。D はアムステルダムが観光に関して掲げた「目標」の変化をまとめたもので、『バランスのとれた都市』というコンセプトが最終的に〈生活の質の向上〉〈訪問とレクリエーションの管理〉という〈観光の抑制、市民生活の優先〉という方向に帰着している。**【資料Ⅲ】**は「受益圏・受苦圏」という概念を説明する文章である。――この問題の場合、**【資料Ⅰ】**と**【資料Ⅱ】**の A を読み、他の資料はざっと目を通すぐらいにしておいて、設問解答の過程で問われたことに即して各資料を適宜確認する、といった手順になるだろう。

予想問題 問題 ▼本冊132ページ

問1 資料に基づき具体例を考える設問

設問のねらい

論理的文章編**2**・**3**・**4**でも見た、**本文中の説明や定義にあてはまる具体例を考える設問**。**〈抽象〉を〈具体〉に置き換える力を試す設問である。**

【資料Ⅰ】「『オーバーツーリズム』の定義」の「特定の観光地において、訪問客の著しい増加等が（a）、市民生活や自然環境、景観等に対する負の影響を受忍できない程度にもたらしたり（b1）、旅行者にとっても満足度を大幅に低下させたり（b2）するような観光の状況」に基づいて判断する。

①は「観光客の急激な増加により」がa、「道路の渋滞や……満員で入れなかったり……観光客が落ち着いて観光を楽しめなくなった」がb2に当たる。②も「ある建造物が歴史的遺産として人気を集め、大勢の観光客が押し寄せるようになって」がaに当たり、「建物が落書きやいたずらなどで傷つけられることが頻発するようになった」がb1の「景観等に対する負の影響」に該当する。③は「観光名所化し」がaに当たり、「その植物の絶滅が危惧《きぐ》されるまでに至った」がb1の「自然環境……に対する負の影響」に当たる。④は「観光客たち」の「満足度が大幅に低下」とあるのが先のb2に当たるように見えるが、その理由が④「景観に関する**誤った紹介記事**が出たために……期待を裏切られた」となっている点がおかしい（「訪問客の**著しい増加等**」（**【資料Ⅰ】**）すなわち観光に関する何らかの〈**過剰**〉でなければ「**オーバーツーリズム**」にならない）。④が「**適当でないもの**」つまり正解。⑤も直接的な理由として「**訪問客**の著しい増加等」に触れているわけではないが、⑤「**観光客めあて**の店や宿泊施設の建設**ラッシュ**」は「観光」が原因となった「**著しい増加**」に該当するといえる。また⑤「地価や家賃が高騰して地元の商店や住民が負担に耐えられなくなった」はb1の「市民生活……に対する負の影響」に当たる。

> **解法のポイント**
>
> 論理的文章編**4**の問3の項を参照。**具体例を考える設問は、問われた事項に関する本文・資料の説明から解答要素をおさえ、それらにあてはまるかどうかで適否を判断する。**

問2 複数の資料を比較・統合した説明の適否を判断する設問

設問のねらい

(i)は、アムステルダムのオーバーツーリズムに関する文章やグラフに基づく説明文の適否を判断する設問。**グラフを含む複数の資料の対応関係をつかみ、それらを統合して考える力**が試される。(ii)は、オーバーツーリズム対策の数次にわたる〈目標〉を比較した発言の適否を判断する設問。**複数の資料を比較して共通点と相違点を把握し、それに基づく適切な考えを導く力、および図を読み解く力**が試される。

(i) ①は[A]の文中で「宿泊客数（泊数）」について述べている箇所についてである。[B]の**図1**「延べ宿泊者数」と照合する。**空欄X**に当たる「2012年」は**図1**では（2011と2013の間で）100万人×10＝1000万人を超えているから、これを「約900万人」とした①は誤りとなる（ここでの「宿泊者数」は「外国人」に限定されないし、かりに「外国人」とするなら**空欄Y**（2019年）は〈約1600万人〉となるはずであり、いずれにせよおかしい）。②は、[A]には確かに②前半で引用された記述があるが、②「対策」について述べた[C]「アムステルダム市のオーバーツーリズム対策」によれば、2017年頃から何らかの「対策」は打たれているので、②「……対策がとられ始めたのは二〇一九年頃からである」は適切ではない。③の「[B]の**図1**」は棒グラフの「棒」の上部が「オランダ人」でその下が「外国人」だが、両者はいずれも右肩上がりに「伸び」ていて、③「オランダ人の宿泊者数に比べ外国人の宿泊者数の伸びが抑えられている」という傾向が読み取れるわけではないし、③「**オーバーツーリズム**対策」は外国人の観光客のみを抑えようとするものではない（「オランダ人の宿泊者」の中にはビジネス目的の人もいようが、国内旅行者もいるものと考えられ、その人たちは「オーバーツーリズム対策」の対象である）。

正解は④である。④の「[B]の**図2**」の「二〇〇五年から二〇一九年までのデータ」では、ホテル数の増加の割合よりも客室数の増加の割合が上回っており（「ホテル数」は一・五倍ほどだが「客室数」は二倍）、これは〈**一ホテルあたりの平均客室数が増えている**〉ことを示す。④は妥当な内容だといえる。

(ii) 設問文に「**【資料Ⅱ】**全体を踏まえた[D-1]・[D-2]・[D-3]の理解として**適当でないもの**」とあることに注意。

①「リーマンショック等による経済状況の低迷を打開するために……」は[A]の冒頭から「……**経済浮揚の期待も込めて**……積極的に観光プロモーションを行った」までに合致。①「[D-1]の(2)」は「**成長と繁栄**」だから、ここに「そうした事情が反映している」とするのもおかしくない。②前半で言及されている[D-2]の(1)・(2)・(3)は[D-1]の(1)・(2)・(3)とほぼ対応しており、②「それほど大きく変わってはいない」は妥当な見方。一方、見比べたときに目立つ違いは、(2)の「成長と繁栄」に[D-2]で「**持続可能な方法で**」が加わっている点と、[D-1]の(3)の「人間の側面」が[D-2]の(3)で「人間の規模とホスピタリティ（注7・歓待《かんたい》。思いやりをもったもてなし」となっている点であり、②「**住民の暮らしをより大切にしようという志向**」は少なくとも前者には該当すると考えられるので、②「……も見られる」は「適当」だと判断できる。

③「生活の質」は、[D-3]の「目標」の部分に「生活の質とホスピタリティの新たな均衡に向けて」とあるもので、「ホスピタリティ」のほうが注7「歓待……もてなし」だから、これと「生活の質」との「均衡」とは、〈観光客の歓待やもてなしのために**住民の生活の質**が犠牲にならないようにする〉という趣旨だと推測できる。「焦点を当てる分野1 生活の質を向上させる」の「ねらい」の部分に「迷惑行為の削減」とか「通り

と運河のスペースを増やす」（混雑緩和のためである）とあることからも、**「生活の質」は住民側に焦点のあるもの**だと見当がつく。（実は「魅力的な用途が複合した開発」も〈市内の施設を観光客向けのみに画一化しないようにする〉ことなのだが、これは判断がつきにくいだろう。しかし少なくとも先のような理解は可能なので）③「アムステルダムで過ごす**観光客**の**『生活の質』の『向上』**」という捉え方は**「適当でない」**。正解は③。④「参加人数を最大15人に制限」は D-3 の焦点を当てる分野2「訪問とレクリエーションを責任をもって管理する」の「6．訪問者の分散」に当たり、これは「オーバーツーリズム」の定義（**【資料Ⅰ】**）の「訪問客の著しい増加等が……旅行者にとっても満足度を大幅に低下させたり」という状況を解消するものでもあるといえるので、④「旅行客が快適に観光できるように、という面もある」は「適当」である。

解法のポイント

・資料型総合問題では、（問2(i)の④のように）グラフなどの読み取りから論理的に導き出せることが〈適当なもの〉として設定される場合がありうるので、注意する。

・図の読解では、見出しと具体的説明の関係や、矢印・線などの分岐・つながりに示される項目相互の関係にも注意する。

問3 複数の資料を統合した説明の適否を判断する設問

設問のねらい

【資料Ⅲ】の用語を使って（**【資料Ⅱ】**で見た）「オーバーツーリズムに対するアムステルダムの姿勢」を説明した文の適否を判断する設問。**概念の定義を把握《はあく》し、それを具体的事項に応用する力、長い選択肢の内容を正確に理解する力**が試される。

【資料Ⅲ】に、「受益圏」は「主体がそこに属することによって、なんらかの受益機会を獲得するような一定の社会的圏域」、「受苦圏」は「主体がそこに属することによって、なんらかの苦痛、打撃、損害を被るような社会的圏域」だとある。だが、アムステルダムが「受益圏」「受苦圏」をどのように捉えているかという直接的記述は**【資料Ⅱ】**にも**【資料Ⅲ】**にもない。したがって、**各選択肢の前半と後半を合わせて考えることで選択肢全体の趣旨を把握し**、その適否を判断することが必要になる。

問2(ii)の解答過程で「オーバーツーリズムに対するアムステルダムの姿勢」が（近年になるほど）**〈観光の管理・制限によって住民の生活の質を確保する〉という方向**のものであることがつかめていれば、各選択肢の最後の部分を見て、②「受益の伸びを抑えてでも受苦を緩和していく」が最もふさわしく、残るとしても③④で、①⑤は明らかに×、と判断できるだろう。その上で②全体を確認すると、②前半は、**【資料Ⅱ】** A で、観光による「経済浮揚」と「観光客の急激な増加に伴う様々な問題が市民……から指摘」という趣旨が述べられていたことに合致し、「受益圏」「受苦圏」の用い方も**【資料Ⅲ】**に沿ったものになっている。②後半の前半からのつながりを確認すると、「受益（経済的利益）の増大に伴う受苦（オーバーツーリズムによる苦痛や損害）の増大を甘受するより、**受益の伸びを抑えてでも**受苦を緩和していく」ということになり、**【資料Ⅱ】**の「対策」が、**観光関係の税金等を上げ、観光に関するさまざまな要素の伸びを抑える施策**が中心であることに合致する。②が正解。

③は選択肢全体を通じて〈〝受益圏は世界全域、受苦圏は観光地のみ〟という「**不均衡を是正する**」〉という趣旨になるが、この捉え方は②で見た〈観光地にも経済浮揚という「受益」がある〉という趣旨とは異なるし、③前半から導かれる〈不均衡の是正〉策は、❶〈「世界全域」でなく特定の地域からのみ観光客を受け入れる〉か、❷〈受苦圏を「観光地」のみでなく世界全域にする〉か、❸〈「観光地」を単なる受苦圏ではなく受益圏にする〉か、といったことになり、いずれも**【資料Ⅱ】**の対策の方向性とは異なる。④「オーバーツーリズムに悩む地域は観光における受苦圏……その地域に住む人びとが他の地域へ観光に出かける際には一転して受益圏に属することになる……観光が**このような相互性**において成立していることを踏まえて、受益と受苦の**バランスをとる**ことが重視されている」だと〈地元でオーバーツーリズムに悩むアムステルダムの人びとが、他の地域の観光を積極的に楽しむことで受益側にまわる〉という形で「バランスをとる」対策だということになり、**【資料Ⅱ】**の対策とはまったく食い違っている。――③「規制」④「バランス」という語句だけで早とちりせず、**選択肢全体を通じてどのような趣旨になっているかを確認しよう。**

①⑤についても改めて確認しておくと、①「観光によって**利益を得る業界という受益圏に属する人びとと、それとは無関係な生活者として受苦圏に属する人びと**とに分断……こうした分断を克服しようとして、受益圏と受苦圏が可能な限り一致するような方向へと」は、〈**生活者も（旅行）業界**同様に観光によって**利益を得られるようにする**〉という方向性になるが、②で確認したとおりアムステルダムのオーバーツーリズム対策はそうした方向のものではなく、過剰な観光を抑制して住民の「生活の質」を確保しようとするものである。⑤は前半はよいが、アムステルダムの「対策」は⑤「受益を最大化する」方向ではなく（②で見たとおり）〈受苦を減らす〉方向である。

解法のポイント

長い選択肢は（各部分にしかけられた間違いをチェックすることももちろん大切だが、それだけでなく）**語句同士のつながりの中で選択肢全体としてどういう趣旨になっているかを的確につかむ**ことも意識しよう。

問4 生徒作成という設定の〈メモ〉を検討する設問

設問のねらい

「レポート」の【構成案】に関する改善点の指摘の適否を判断する設問。内容的な正誤はもちろんだが、**項目間のつながりなども考えて〈より妥当性の高いもの（低いもの）〉という観点で検討する力が試される。**

【構成案】は、見たところ「1」が【資料Ⅰ】（と問1）、「2」が【資料Ⅲ】、「3」が【資料Ⅱ】に対応しており、「4」は〈【資料Ⅱ】の「対策」なども参照した「Mさん」の考え〉なのではないかと考えられる――といった程度に見当をつけておいて、選択肢を見ていく。

①は、「具体例をなるべく多く書く」のはよいとして、【資料Ⅰ】の定義は（包括的な定義なので）①「多様なあり方を……限定してしまう」というふうには見えないし、もし「多様なあり方」への対応が必要なら、複数の定義を並べるとか、〈定義にあてはまらない例外もある〉などの説明を加えるなどすればよいのであって、「『定義』を書く」こと自体を「やめる必要はない。②「二つの概念だけで説明しきれ……ない」のはもちろんだが、だからといって「2はカット」する必要はない。「2」は〈この概念を適用すればこのようになる〉という説明として意味があるのであって、もし「二つの概念だけで説明しきれ」ないならば、別の概念も紹介して〈こちらの概念を適用すればこのようになる〉という説明を加えていけばよいだけである。③は、「3」は「対策」を書いている点では「1」とは重ならないから、「ひとまとめに」する必要はない。むしろ、「4」の「望ましい」対策の「提案」という〈結論〉につなげるためには、「3」を「対策」についての章としてより充実させ、④がいうように〈複数の都市の対策〉を書く方向にすることのほうに意味がある。正解は④。⑤前半のようなことは確かに意味があるが、そのために⑤「2と3の順序を入れ替え」るのはむしろ逆効果。④で見たような〈「3」が実際にとられている「対策」、「4」がそれをうけてMさんが考える「望ましい」対策の「提案」〉というつながりのほうが自然である。

解法のポイント

〈生徒の作成した文章やメモなどを推敲する設問〉は〈多様な形式が想定されるが〉、**❶まず資料などに基づく内容的な正誤**をチェックし、そのうえで、**❷〈文章の書き方〉**や**〈構成のしかた〉についての指摘**などは、**〈そのようにする必然性があるか〉**とか**〈より効果的になるのはどちらか〉〈より自然な（無理のない）ものになるのはどちらか〉といった観点**からも検討する。

12 ネット社会と人間のあり方

▼解答（配点20点）

問1	問2	問3	問4	
⑤	②	③	(i) ③	(ii) ②
4点	4点	4点	各4点	

20点

問題の概要

11に続く資料型総合問題の演習だが、11よりも文章テクストの分量が多い。論理的文章の読解力を基盤としつつ、図表を含む複数の資料の比較・統合、資料をもとにした応用的・発展的思考、生徒作成という想定の文章・資料の推敲の練習を行う。

問1・問3・問4(ii)が〈やや難〉、他は〈標準〉。

文章・資料

「ネット社会と人間のあり方」に関する「著作や調査報告」（**【資料Ⅰ】**～**【資料Ⅲ】**）と、「Sさんがこれらを踏まえて考えたこと」という設定の文章（**【下書き】**）が並べられている。

【資料Ⅰ】「ネット広告」について論じた文章（以下、各形式段落を1～6で示す）。近年になって**ネット広告が成長を見せ**たのは、さまざまな**テクノロジーの革新や通信環境の整備**によるものである（1～3）。ネット広告では、ユーザーの検索した語や閲覧したウェブページ、スマートフォンから得られる現在位置といったものをはじめとする**個人情報をもとに、各人ごとに適した広告を表示する**ことが可能になっている（4～6）。

【資料Ⅱ】 **ビッグデータとユビキタスの組合せによる社会設計**について論じた文章（以下、各形式段落を1～4で示す）。**人々の購買履歴や行動履歴を集積した膨大《ぼうだい》なデータ**（「**ビッグデータ**」）を分析すれば、**利用者の属性ごとの傾向を導き出し、その属性にあてはまる個人に対し「おすすめ」の情報を提供で**きるようになる（1）。これと、**生活空間の至るところに情報端末やセンサーが埋め込まれた「ユビキタスな情報環境」**とが組み合わされば、**街を行く人に対しその都度「おすすめ」の情報を送るような社会**が実現可能となる（2）。そこには、**各人にピンポイントで的確な情報が提供されるメリット**と同時に、**個人情報に関する不安が生じるというデメリット**もある（3・4）。

【資料Ⅲ】「**パーソナルデータに関する一般消費者の意識調査**」の結果で、「企業が消費者のパーソナルデータを利用していることへの**印象**」と、「パーソナルデータを活用したサービス」を〈**利用したいかどうか**〉およびその**理由**についてのデータを示すグラフである。つまり、**【資料Ⅰ】**のような「**広告**」や**【資料Ⅱ】**のような〈**「おすすめ」情報などの提供**〉について「**一般消費者**」**がどう考えているか**についてのデータであり、〈不快である〉〈あまり利用したくない〉〈情報の扱いについて不安がある〉といった回答が比較的多い。

【下書き】「Sさん」が書いたという設定の文章（以下、各形式段落を1～5で示す）。1で「**インターネットを通じたさまざまなサービス**」は「生活に不可欠」だが「**多くの問題もはらんでいる**」とし、2で**【資料Ⅰ】**の「インターネット広告」について紹介したうえで、その「**デメリット**」について以降で**【資料Ⅲ】**を引用しつつ論じる。3でそうした広告やサービスに対し「**不快**」と感じる人が少なくないことを指摘し、4でその「**理由**」についての調査結果を紹介したうえで、5ではそれをうけて、**【資料Ⅱ】**の原典から〈ネットの広告やサービスは「最適化された情報を与えてくれる」と同時に「**それ以外の選択肢がありえたこと**」を「**忘れ**」**させてしまう**〉という指摘を引用し、このことがそうしたサービスへの「**抵抗感**」に関わっているのではないか、という**自身の**「**考え**」**を述べている**。

この問題では、まず**【下書き】**を読み、そこに（**【資料Ⅰ】**～**【資料Ⅲ】**の内容について）書かれていることを頭に入れて**【資料Ⅰ】【資料Ⅱ】**に目を通し、**【資料Ⅲ】**は設問解答の過程で必要に応じて確認する、といった手順がよいだろう。

問1 文章の内容をもとに表の中の空欄に入る表現を考える設問

設問のねらい

【下書き】の傍線部に関する**【資料Ⅰ】**の文中（および（注））の説明と表の内容をおさえて、空欄に入る適切な表現を考える設問。**文章と表、表の項目どうしの関連性から、適切な内容を推測する力**が問われる。

「位置連動型広告」については**【資料Ⅰ】**3に「Google Map（注2・ネット上の**地図**サービス）」や「GPS（注3・人工衛星を介して**現在位置**を正確に測定するシステム）機能を内蔵した**スマートフォン**が普及したからこそ、可能になった」とある（a）。また、**表**「ネット広告の主な形式」には、

・**検索**連動型広告——**検索したキーワード**に関連した広告を検索結果画面に表示するもの。
・**コンテンツ**連動型広告——**ウェブページ内の単語**を分析し、**内容**に即した広告を自動的に表示するもの。
・**行動**ターゲティング広告——ウェブページの閲覧履歴を分析し、**ユーザーの興味関心**に即した広告をコンテンツとは無関連に自動表示するもの。

とある。空欄**X**に入るのはこれらと並ぶものとして自然なものでなければならない（b）。①「画面上のどの位置に表示されるか」はaと無関係。②はaには合致するが、bの条件を満た

さない〈「検索連動型広告」以下はすべて、どのような「広告」をどのように「表示する」かという〈機能〉の説明なのに、②は〈何によって可能になったか〉の説明）。③もaには反しないが、③「**ユーザーの現在位置を**絶えず**通知する**」だけでは単なる地図機能との連携であって、「**広告**」ではない。一方、④は「広告」ではあるが、ユーザーの「現在位置」とは関係なくとも可能なもの（東京にいる人が大阪の店を検索して、大阪の地図上に表示される、ということでもよいもの）なので、aに合わない。⑤はaに沿っており、〈機能〉の説明だからbの条件も満たす。⑤「現在いる場所に即した広告をリアルタイムで表示」も、bで見た他の項目の「連動」「関連した」「即した」や「自動表示」などから、それらと並ぶものとして「考えられる」（設問文）妥当な推測だといえる。正解は⑤。

解法のポイント

〈推測〉が求められる設問では、設問要求に即して文章・資料から〈正解の条件〉をつかみ、それらを満たすものかどうか、という観点で考える。

問2 設問要求に即して文章の内容を要約する設問

設問のねらい

設問の指定に即して【資料Ⅱ】の内容を要約する設問。複数の文章・資料の中から必要な情報を探す力と、その内容を的確に要約する力が試されている。

【下書き】の傍線部B直前は「広告」についての言及だが、【資料Ⅰ】には「インタラクティブで個別性が高い」④、「広告主とユーザーのマッチングを成立させている」⑥など「広告主」側からのメリットの説明が主で、傍線部B「利用者にとって」の「メリット」の説明としては弱く、また「デメリット」の説明はまったくない。したがって、【資料Ⅱ】の「ユビキタスな情報環境」における「おすすめ」の「提案」②を【資料Ⅰ】の「広告」と重なるものと考え、その「メリット」（【資料Ⅱ】[3]）と「デメリット」（[4]）の説明を踏まえて答えることになる。[3]では「不特定多数の人に向けられた情報」ではなく「**その人が今何を欲している**（**可能性が高い**）**人なのか**」**に即して**「**ピンポイントで届けられる**」「**提供される情報の的確さ**」が「**メリット**」として挙げられ（a）、[4]では「いったん吸い上げられ」た「**個人情報**」の（**企業などによる**）「**利用法**」**を利用者側が**「**完全にコントロールすることはできない**」という「**プライバシーの問題**」**に関する**「**不安**」が「**デメリット**」として挙げられている（b）。以上に合致する②が正解。②前半は先に見た【資料Ⅰ】の[4]・[6]の説明にも沿ったものである。

①は前半「不特定多数の人々に」がaとは反対方向。③は「個人のプライバシー」まではよいが、〈**企業側に知られ利用される**〉のであって③「**公開**されてしまう」のではない（【資料Ⅱ】[4]の〈JR東日本が個人情報を日立製作所に販売する〉

といったケースも「公開」することとは異なる）。④は〈企業側にとって〉のメリットとデメリットであって、傍線部B「利用者にとって」のものではない。**設問要求をおさえたうえで解答するよう注意したい。**⑤は前半後半ともに**【資料Ⅱ】**で特に論じられていないことである。

解法のポイント

単に選択肢と文章・資料との一致・不一致を照合するのではなく、**まず設問要求を的確におさえ、〈その答えとなる内容はどこにあるか〉という視点で複数の文章・資料を見ていく、という姿勢をもつ。**

問3　資料に基づいて〈生徒の書いた文章〉の空欄に入る内容を考える設問

設問のねらい

【下書き】の空欄前後の表現に即した内容を**【資料Ⅲ】**を踏まえて考える設問。**〈正解の条件〉を的確におさえ、それらを満たす選択肢を選ぶ力と、共通要素の組合せでできている選択肢を段階的に吟味していく力が問われている。**

空欄〔※〕の前には「デメリット」「**パーソナルデータを活用したサービスについて利用したくない理由**」とあり（a）、後には空欄〔※〕をうけて「**【資料Ⅱ】**で述べられた『**メリット**』**を求めない人もいるということだ**」という考えが述べられている（b）。まずaは**【資料Ⅲ】**の図3に示されている。各選択肢でいう「**【資料Ⅱ】**で述べられた『デメリット』」は、問2で見た〈**個人情報の扱いに対する不安**〉であり、**【資料Ⅲ】**の図3でいえば「**自分の情報を知られたくないから**」である（**【資料Ⅱ】**では「情報漏えい」について直接述べられてはいないが、大きくいえばこれも含めてよいとは思われる）。また、図3の各「サービス」のうち「**【資料Ⅱ】**で述べられた」もの（「**おすすめ**」商品の「**提案**」）に当たるのは「商品**レコメンド**サービス」。ここでは「自分の情報を知られたくないから」は29・4％（「情報漏えい」も含めれば55・2％）で、他の理由でこれを大きく超えるものはないから、②⑤「かなり少なく」とするのはおかしい。さらに、①「自分の情報を知られたくないから」は「**【資料Ⅱ】**で述べられた『デメリット』」そのものであって「他の理由」ではないから、（②も含め）これもおかしい。

③④のうち、bを満たすのはどちらか。空欄〔※〕直後「**【資料Ⅱ】**で述べられた『**メリット**』を求めない人もいるということだ」によりきちんとつながるのは③「サービスに**魅力**を感じないから」である（④「**代替**サービスで満足しているから」というだけでは、その人たちが〈**【資料Ⅱ】**のような『**メリット**』は必要ない〉と考えているかどうかは不明である。「代替サービス」にそうした「メリット」を求めている可能性もある）。正解は③である。

解法のポイント

共通要素の組合せでできている選択肢については、要素ごとに適否を判断し段階的に消去していくやりかたもある。

問4 〈生徒が書いた〉設定の文章を検討する設問

設問のねらい

【下書き】に書き加える文章の内容と挿入箇所を考える設問。**〈正解の条件〉を的確におさえ、それらを満たす選択肢を選ぶ力が試される。**

(i) まず、a〜cの「商品レコメンドサービス」か、d〜fの「人材マッチングサービス」かを考えよう。**【下書き】**の話題は主として、インターネット上の「**広告**」②や（問3で見た通り）「**【資料Ⅱ】**で述べられた」もの（「**おすすめ**」商品の「**提案**」）であり、「**商品レコメンドサービス**」がふさわしい。また、**【下書き】**の1は「インターネットを通じた**さまざまな**サービス」、3は「個人に関する情報……を利用する……サービス」**全般**について述べているが、ここでは逆に「さまざまなサービス」全般のうちで特に「人材マッチングサービス」のみを取り上げる必然性がない。解答はa〜cに（①〜⑤に）しぼられる。

さらに、設問文「**【資料Ⅲ】**の**図2**に言及する段落を書き加えたい」をおさえる。**【下書き】**の3が**【資料Ⅲ】**の**図1**、4以降が**図3**の内容を踏まえているので、**図2**に関する言及は3と4の間（y）に入るとみるのが自然である。内容的にも、初めに「**【資料Ⅲ】**の調査を見てみよう」とあるのだから、これより前に**【資料Ⅲ】**の**図2**に関する言及があるのはおかしいし、4と5は「理由」の話で一続きだから、この間に〈利用したいかしたくないか〉の話が割って入るとみるのは無理がある。

①〜⑤のうちで「**y**」を含むのは③「**b・y**」と⑤「**c・y**」。**c**は**【資料Ⅲ】**の**図2**の読み取り（各項目の割合）自体は誤りではないが、**c**「『どちらかと言えば利用**したい**』『利用**したくない**』の割合がともに約3割であること」を3・4の間に入れる意味がない（「デメリット」について論じているのだから、「利用したい」人の数字を紹介する必然性がない）。**b**「『どちらかと言えば**利用したくない**』『**利用したくない**』を合わせた割合が6割5分を超えている」ならば「デメリット」について論じているこの部分の流れに合う（**a**もその意味では問題ないが、〈**a・y**〉の組合せは選択肢にない）。正解は③「**b・y**」。

(ii) 設問「**【下書き】**の末尾に**【資料Ⅱ】**の波線部『街のどこにいても、たとえば『この先にあなたの好きそうなカフェがありますよ』といった情報を提供できるようになる』という具体例をもとにした文を書き加えたいと考えた」から、本文（主として**【資料Ⅱ】**）に反しないこと（a）、設問の空欄上部の「波線部のような情報提供は、」に続く内容として適切であること（b）、**【下書き】**末尾の「**それ以外の選択肢がありえたことが忘れ去られてしまう**」をうけた「問題意識」になっていること

（c）（さらにいえば、【下書き】5は、4「【資料Ⅱ】で述べられた『メリット』を求めない人」とはどういう存在なのかを「考えてみた」箇所だから、〈「おすすめ」商品の「提案」を求めない人〉が「抵抗感を覚え」る（5末）ことの説明として適切であること（d））が正解の条件となる。②「自分の行動履歴や購買履歴が記録され……『あなたの好きそうなカフェ』が導き出される」は【資料Ⅱ】の波線部直前からの内容に合致し（a・b）、②の「似た属性を持つ人々の傾向分析に基づき」は【資料Ⅱ】1「中年男性は……」や3「購買履歴・年代・性別などがわかれば、少なくともその人が今何を欲している（可能性が高い）人なのかは判断できる」などから推測できるものである（a）。②「カフェに入ることが自分の意志による自由な行動とは呼べないものになったり」はdに、「従来の好み（「履歴」から導かれるもの）とは違うカフェと出会う機会が失われたりする」はcに当たる。正解は②である。

①は前半が【資料Ⅰ】の内容で、波線部に関するものとしてはやはり他の選択肢の「行動履歴や購買履歴」のほうがふさわしいし、後半がcからズレている。③前半は「波線部のような情報提供」の仕組みの説明として、「ビッグデータ」のみしかなく〈当人の情報との照合〉という要素が足りない。（が、こちらを見逃したとしても）③後半は〈選択肢が多すぎる〉という趣旨で、〈「最適」以外の選択肢が忘れられる〉という【下書き】5の論旨とは反対方向だから、cに合わない。④は「コンテンツ利用データ」が「カフェ」の情報の話題からはズレており、④後半もあまり根拠がない（「価格や立地」もある程度最適化されるはず）が、何より④「ビッグデータを……センサーで読み取り」が明らかな誤り。【資料Ⅱ】の2の内容は〈当人の携帯端末からセンサーで読み取った当人の行動履歴や購買履歴とビッグデータを照合〉である。

解法のポイント

〈推敲設問〉であり、(i)は資料型総合問題編11の問4の**解法のポイント**で見た〈**そのようにする必然性・効果・自然さ**〉といった**観点で考えていく**もの、(ii)はどちらかというと、論理的文章編で見てきた〈**本文をもとにした発展的・応用的思考**〉や〈**具体例への置き換え**〉タイプの設問で、**問われていることに関わる本文**（**や資料**）**の記述**（**や設問で与えられた文脈**）**を的確におさえ**、それらを〈**正解の条件**〉として選択肢を見ていくものである。

Obunsha